カタカムナが解き明かす宇宙の秘密

誰もが幸せになるヒトツカタ

はじめに

２０１９年にカタカムナについての本を出しました。世界で一番古い超古代文明の入門書で、読者の方々から色々な反応をいただきました。

２０２０年、コロナ騒動から始まった新しい年を迎えて、どうすれば幸せになれるかの日本古来の智慧をまとめてみたくなりました。

日本には世界最古のカタカムナ文明があり、それを土台として、様々な素晴らしい智慧が連綿と受け継がれてきています。

私が学んだものだけでも、家相、顔相、風水、手相、算命学、（風水生花）植物エネルギーの取り入れ方などがあります。

現在、世界各地で紛争やテロがひんぱんに起こり、日本でも様々な事件や問題が山積し、先の見えない状況になっています。

そんな中だからこそ、平和で幸せな時代を1万年以上にわたってつくりあげた実践のある縄文文化と並行してカタカムナの悟りや教訓を皆様にお伝えしたいのです。

カタカムナの智慧は、現代の私たちに生きるヒントを与えてくれます。現代に通じる生活の知恵、不幸にならない方法、幸せになる方法などがふんだんに述べられています。

私たちはだれでも人生の曲がり角に立ったとき、幸せになれる道の選択を間違えないようにしたいものです。

今回は、「カタカムナが解き明かす宇宙の秘密」と題して、皆様にその一端をお伝えします。ぜひ、お読みください。

天野　成美

もくじ

第3章　宇宙の本質はヒトツカタ

第1章　宇宙と人間の関係

(1) 妄想をやめ、宇宙の摂理を理解する

●「人間」がわかれば多くの問題が解決

私たち人間は、人間を中心にものごとを考えて地球の王者のように暮らしていますが、そもそも、この宇宙の中で人間はどんなポジションの存在なのでしょうか。

このことを考えてみると今ある人間が抱えている問題の多くが解決していくのではないでしょうか。

多くの人が気づきはじめています。人間の考え方と地球の考え方が少しずれてきているのではないかということを。

そもそも人間はどのようにして地球に住むようになったのか。ダーウィンの進化論が長い間信じられてきましたが、最近はこの説も疑問が持たれはじめています。

生命とは何なのか。

頭脳が他の動物より進化した人間は、生命とは何かということに好奇心を持ち、さらには生命を作ることまで始めました。動物は他の動物を捕獲して食しますが耕作も牧畜もしません。魚を養殖したり、野菜や果物を品種改良することもしません。人間だけの〝専売

特許〟です。ある意味で人間は、命の秘密のいくらかを宇宙の心（神、アメノミナカヌシ、ゴッド、グレート・サムシング、創造主）から学ぶ許可を与えられたのかもしれません。

●宇宙は人間の一部、人間も宇宙の一部

では、宇宙とはどうして出来て、誰がつくったのでしょうか。これについて最新の素粒子物理学等では、宇宙万物一体という考え方まで出てきています。全てのものは、宇宙万物を動かしている根元のエネルギーと一体であるという考えが当たり前の意見として世の中に受け入れられる時代になりました。

日本にはカタカムナ文字といわれる1万2千年以上前から使われている文字がありました。それは、1文字1文字、1音1音に意味があり、世界最古の文献であることが周知の事実になっています、数年前までは発見者（楢崎皐月・ならさきさつき、または、ならさきこうげつ）の創作とか偽書であるとか、あらゆることが疑われていました。

しかし、その研究が進むにつれて、不思議な奇跡があらゆる場所で起こりはじめ、それを不思議に思った人々がさらに研究を続け、多くの人がそれらの研究に加わり、それによって奇跡はより数を重ね、いまや疑いようのない大きな日本の財産とまで信じられるようになりました。今や否定する人のほうが非難される時代になってきた感があるほどです。

カタカムナ文献には、存在する全てのものと同量の目に見えない存在物が直感によって感知されるということが記されています。宇宙をつくったのも人間をつくったのも宇宙の根元であり、すべては始元量から生まれた全く同一の存在であり、宇宙は人間の一部であ

り、人間もまた宇宙の一部であるという宇宙論、人間観が展開されています。

宇宙が人間を生んだのでもなく、人間が宇宙を生んだのでもない、すべてのものは不可視のエネルギー体であり、不可分であるという考え方です。

●「脳の使い方」こそ幸運の秘訣

昔から、この広い宇宙には人間以外の知的生命体がたくさん存在し、人間もその一種であるという考え方もあります。ここ1、2年、知的生命体に出逢った人も急増しているという報告もあります。フェイスブックなどにはスピリチュアルなサイトが多数発信され、UFOを日常的に見る、あるいは乗ったとまで言う人も増えています。

UFOに乗ったという人の中には、カタカムナ文字がUFOの中に書かれていたという人までいます。古代の地軸変動による大洪水で滅んだといわれるムー文明、アトランティス文明の残片から物理学、哲学が生まれたという説を唱える人もいます。

カタカムナ文字以外にも古代文字はたくさんあり、日本の神社などに残されています。いずれの文字も大きなエネルギーを持ち、病気の人の体に古代文字を書くと、自然治癒力が上がって全治すると伝承しているものもあり、古代の文字、響きには不可思議な力があるというのは世界共通のようです。

先ほどのべた宇宙万物一体という考え方は、宇宙にある全てのものは一体であり、始元力の愛の力によって包まれることが生きることであるという結論になり、これも全世界共通の真実のようです。

ただ、ここで忘れてはいけないことがあります。

人間には二種類の脳の働きがあるということです。一つはすべての生物が持っている生物脳といわれるものであり、もう一つは人間脳といわれるものです。

生物本来の感受性に基づいて判断する脳の働きが「生物脳」で、直感で感じる能力を意味します。「人間脳」は、知識や情報をもとに客観的に処理して判断する能力です。

この二つは両方とも必要で、大切です。この二つの脳と二つの能力のバランスをとって末永く生存繁栄を続けるべきなのが人間です。

ところが、自然から遠ざかり、便利さを過度に追求していくと、思考や理性の人間脳偏重にかたより、人間本来の直感力や自然治癒力が減退していきます。

また、全知全能の宇宙からの記憶が「濃い・薄い」は個人差があります。

私たちは、日頃から直感力を衰えさせず、意識的に高めていくことが大切です。それが、「生きる力」を強化し、幸運を呼び込むことにつながっていくのです。

（2）自然からパワーを受け取る

●地上で一番強い「空気」エネルギー

元気が足りないとき、運気が落ちたなと思うとき、気力を回復するには自然からパワーを受け取るのが一番確かな方法です。

では、人間にとって一番影響力のある自然とは何でしょうか。それは空気です。空気の中の渦で起こる電気と磁気のエネルギーはとてもパワフルです。

二番目は水でしょう。人間の体もたいていの生物もほとんどは、80％以上が水で構成されています。三番目は、地上の近くに存在している山や岩や土、様々な植物や動物たち!!

つまり、人間に本当に必要なものは必ず近くにおいてあるのです。一番手に入りやすいもの、これが命にとって一番大切なものなのです。もし、自然の全くない環境の中にいるとしたら、宇宙船のような疑似自然をつくらないと生きて行けないのが人間です。

このように身近にあって惜しみなくエネルギーを与えてくれているのが自然です。中でも空気は最も大切です。空気がなければ、5分として生きていられません。だから、呼吸はもっとも大事にしなければいけません。体の中心にまでしみ込むような呼吸を毎日意識して行いましょう。できれば、逆丹田呼吸が一番お勧めです（『カタカムナ文明入門編』参照）。

朝起きて10回の呼吸、寝る前の10回の呼吸を行います。感謝の気持ちを持って、できれば両手を合わせて行ってください。すばらしい呼吸から今日の一日が始まることは、本当は奇跡なのです。感謝と喜びと共に、毎日この呼吸を繰り返すだけで、運気が向上し、運が動きやすくなって上昇をはじめます。

ほとんどの人は、自分が困っていると勘違いして恨みを持ったりしますが、この呼吸を続けていくと、悩んでいることなど忘れてしまうほど消えていってしまいます。

人間の悩みや恨みというものは、人間の持つ特殊な「人間脳」から生じるのです。自然界を見てください。自然界には恨みや悩みなどは何一つ存在しません。人間だけが、悩みや恨みを持っているのです。

悩みや恨みを生じさせるのは、欲望です。人間は人間のみの持つ脳があるために生存に必要でなくても欲望を抱きます。欲望がＳＦのような悩みや恨みを作り出すのです。

しかし、地球上で一番強いエネルギーを持つ空気をしっかり呼吸するだけで、もともと宇宙にはなかった悩みや恨み、単なる妄想は消えていってしまいます。

●心をクリアにし、大願を成就する「水」

二番目に強いパワー、エネルギーを持っているのは「水」です。

水は人間が作ったものではありません。人間が生まれるはるか昔から存在していたもので、それによって私たちはたまたま地球で生かされているのです。

良い水をしっかり感謝を込めて受け取りましょう。すると、水から無限のパワーが注がれてきます。

もちろん、水は大きな意味での水で、水分といってもいいものです。果物、野菜、ジュースやビール、ありとあらゆるものの中に水は水分として含まれています。それを毎日いただくことによって私たちは体の中に水分を補充しながら生きているのです。

水は経口で飲むものと現在の人は思っていますが、昔の人（カタカムナ人や縄文人、弥生時代までの人）や山中で生きる行者にとっては、経口でとる水分はほんの一部でしかありません。人間には本来、水分は胃腸からだけでなく、皮膚、毛細血管、肺、全身に流れる血液、リンパからも取り入れられる能力が備わっています。

欲望のコントロールをしながら自然と一体になって生きていた上古代の人々は皮膚やチャクラを含む五臓六腑の全てを使って感謝しながら空気も水も受け取っていました。

そして、感謝をしながら受け取ると、何かが変わるのです。そうです。生命力が強化され、幸運に恵まれてきます。健康な体や日常生活に必要なものはもちろん、大願も成就され、人間関係、交友関係を豊かにする人たちとのご縁も生まれ、社会全体が調和と幸せになるための道具が水に乗ってやってくるのです（空気も同じ理屈です）。

上古代の人々はこの生活感覚、人生の学びをウタにし、日常的にそのウタを口ずさみ、天の摂理に思いをはせ、とても長命に生きていました。カタカムナや縄文などと呼ばれている時代です。

水にはそのような神秘的な働きがあることを知っていた上古代の人々は、いろいろな作法をというものをつくっていました。いわゆるミソギ（禊ぎ）と呼ばれるものです。海や川の水で体を清め、罪や穢（けが）れを洗い流すことなどがよく知られています。毎日の入浴がボタン一つで与えられる現代の私たちが忘れている大切な文化です。

水は有形無形のすべてを浄化して宇宙と一体になるための大切な道具の一つなのです。現代になって喜ばしいことは、日本だけでなく世界中に、空中にある水や生命の根元を口からではなく、皮膚やチャクラから直接受け取れる人たちが現われていることです。その数は、かなりのスピードで増大しています。その人たちは、食物をとらなくても生命をつなげるという天の恵みを得るほどに宇宙から愛されている人たちだと思います。

●まだまだある自然界の凄いパワー

そのほかにも、自然にはまだまだ人間より力強いパワーを持っているものがあふれています。太陽や月、無数の星たち……地上には人間の寿命を超えて何百年も生き残っている巨木、野に咲く一輪の花……どの山や海を見ても一つとして無駄なものはなく、調和して生きています。

一方で、自然界の動物たちは必死に生きています。外敵から身を守り、必死で餌を探し、必死で子供を育てる。植物だってアスファルトの割れ目から芽を出したりしています。

それに感動します。がんばろう、力強く生きよう、力が湧いてくる。自然界には人間の心を動かす力が潜んでいます。

その地球の持っている様々なエネルギーを、感謝をもって受け取る。それを、今日からはじめてみましょう。

寝る前の感謝の呼吸。こんな小さなことも形にすることによって、実践することによって自然からのパワーを受け取れるのです。頭の妄想で考えるだけではダメ。

私たちよりはるかに広大でパワーにあふれる自然。これを感謝して受け取ることなしに運気を向上させることはできません。さあ、幸せへ、豊かさへの第一歩を踏み出しましょう

（3）自然のココロは人間には変えられない

●人は「宇宙の心」によって生かされている

私たちがそうであるように、私たち身の回りの様々なものも、宇宙の心（カミ、アラー、天、大日如来、アメノミナカヌシなど）ともいうべきものによって生かされています。人間はその中にあって、宇宙の心に好奇心を持つ地球上では唯一の生き物です。しかし、その好奇心があらぬ方向に行って、自分自身が偉大な者になったと勘違いするようになるのもまた人間です。人間の方針が地球の方針であるかのように思い、人間を幸せにするのが地球の役割だと傲慢に考えるようになってしまったのです。

1万2千年前、日本列島に住んでいたカタカムナ人は人間の脳がそのように暴走することを恐れ、人間のあるべき本来の姿から踏みはずさないようにとの願いを込めて、宇宙の理（コトワリ）、カタカムナの悟りを80首の歌に詠んで残しました。そして、それが現代の日本語の言葉の中に見えないけど存在し、教育の規範となって今日に至っていると思わ

れます。

上古代のカタカムナ人は、脳が暴走しないように、バランスを持って機能する全脳教育を授けていました。そのためにカタカムナ人は直感力に長け、世界で最も天災の多い日本列島に住みながら、1万年にも近い期間、地震や火山噴火、台風、津波などのあらゆる災禍、困難をも乗り越え、生き延びることができました。決して私たちが今まで教科書で習ったような原始生活を送っていたわけではないと考えられます。

彼らの残した文献によると、進んだ製鉄技術、肥料や農薬を使わない農業、医学、石の役割、地球の内域・外域の認識、人間としてあるべき生き方、薬学、健康法などが記されていて、かなり進んだ教育システムが整えられ、それが親から子へ、子から孫へと伝承されつつ宇宙の心と共に生きてきたことがうかがえます。

とはいえ、長い歴史の中では、異文化の侵入があったり、政治的・社会的な混乱もあったことは十分に考えられることであり、古い大きな智慧は偽書として封じられたり葬り去られたりし、いつしか直感力さえ鈍っていったのかとも考えられます。

実際に日本の古代史研究にはカタカムナは全く登場しません。カタカムナが世間の耳目を集めるようになったのは、戦後1949年のことです（カタカムナ発見の経緯、内容などについては『カタカムナ文明入門編』参照）。カタカムナ文献の解読により、古事記も神話ではなく大切な物理学の内容であることが解明されました。

●自然に勝とうと思ってはいけない

自然の心は人間より強い力です。自然界は自然の摂理によって生きています。自然界は絶対に人間が思うようには変わってくれないのです。人間はこのことを、しっかりわきまえることが必要です。

自然界は、宇宙の心に沿って生きてゆきたいと思っている人間と同じひとつの生命体です。ただ人間よりサイズが大きくパワーがあります。人間はどんなに自然界を人間の思い通りにしようとしても変えることはできないのです。

人間が火山の噴火を止めることができますか。台風の暴風雨を止めることができますか。地震を止めることもできません。津波を止めることもできません。本気で自然界と戦ったら、負けるのは人間であることは自明の理です。

なぜでしょうか。それは、宇宙の心が優劣の順番を決めているからです。宇宙の心は、創造のはじめから自然界を人間よりもはるかに強者につくったのです。

それなのに、人間はいまだに自然界を征服できないかと無謀の挑戦を続けています。台風の進路を変えることはできないか、火山の噴火を止める方法を見つけられないか、と。人工地震はすでに作られているとか、疫病は生物兵器であるといった噂も流れています。

どの挑戦も妄想の産物にすぎませんが、ただ一つ言えることは、人間が行う研究で一番間違っているのは、自然界に挑戦すること、戦いに挑んで勝つことを正義とみなしていることです。勝つことの裏には、負けることがあります。実は、勝つことも負けることも宇宙の心にはないものです。勝つとか負けるとかは、人間が作り出した妄想です。宇宙の心にあるのは、ただ調和のみです。

人間は原子力爆弾を作り出しました。核爆発の強大な力を作り出したことを勝利したかのように誇っていますが、核戦争の脅威を世界中に拡散しています。宇宙ではすべてのものに還元・飽和があるように核爆発や核融合は当たり前の現象ですが、人類は核融合の力を再現するまでには至っていません。

人類は地球滅亡の引き金を引きかねない愚かな核開発に狂奔するより、宇宙の心に見習って平和で調和のある世界実現に向かって協力し合う方が、よほど賢明な選択です。

●自然は大きな拠り所

カタカムナの時代は、すべて直感で感じ取り、調和を祈り、宇宙の心、言いかえると愛のエネルギー、光に従って生きようとしていました。

万物は流転しつつ、電気と磁気の回転によってヒトツカタのあらゆる自然形態があり、人間の目に色々な違ったものと見えることを悟っていたカタカムナ人は自然のなりゆき、循環を途中で止めたり人為的に防止したりすることなく、自然のあるがままを受け入れ、飽和・還元の摂理をよくわきまえ、その範囲を超えず、日常生活に勤しみ、発明・発見を心がけながら、人とモノの調和こそ宇宙の心と観じて、幸せな調和社会を築いてきました。

強いことが良いことではないことを悟っていました。弱い人がいて強者は認められるのです。強者が称えられるように、弱者が存在してくれると考えていました。絶対に勝てない相手と戦うのをやめることで新しい何かが見えてくることを、教訓として受け止めていたのです。

私たちも、古代の智慧に学ぶことがあると思います。どうせ変えられないなら、そこから何かを学んでみることも悟りのひとつだと思います。

自然は人生のお手本、拠り所です。自然の中の生物は、与えられた環境の中で本能の命ずるままたくましく生き、子孫を残してきました。人間における本能とは、人間の「素(す)」の部分をいいます。素を失わない人こそ、しなやかでたくましく、どんな環境にも順応していける力強い人です。

自然は人間が間違った方向に行こうとすると、注意信号を出したり、正しい道しるべを示してくれる指導者です。何か大きな災害が起こったとき、人間に何を教えようとしてくれているのだろうかと振り返る視点を持つことは、かならず私たちに有益な結果をもたらすに違いありません。

(4)過去のこだわりは断捨離して消す

●出来ないことはキッパリ諦める

毎年元日の早朝、宮中では天皇陛下が四方を拝し、年災消滅、五穀豊穣を祈る四方拝(ルビ・しほうはい)という祭祀が行われますが、昔の日本には、自然を愛で、神を崇拝し、生活のそれぞれの場面で恵みに感謝する風習がありました。朝夕に家族が集まり、手を合わせ、氏神様などに祈りを捧げたものでした。

経済が発展し、快適な暮らしができるようになると、そのような良き慣習はいつしか忘れ去られていくものなのでしょうか。

現代人の脳、特に先進国に住む人たちの脳は、いつの時代からか今日生きている事への感謝を忘れてしまっているような気がします。特に悩んだり、苦しんだり、不平不満を抱えている人たちは、過去の出来事を後悔したり、しなかったことに未練を感じている場合が多いようです。

ここで思い出してほしい重要なことがあります。それは、どんなに思いわずらっても反省しても、この3次元で生きている人間にとって、過去は絶対に変えられないということです。この厳然とした事実に人間は抗（ルビ・あらが）うことはできません。どんなに努力しても絶対に過去には帰れないのです。

このことは肝に銘じて認めなければなりません。

「あのとき、こうしておけばよかった。こうしておけば、うまくいったかもしれない」

「自分がこうしなければ、こんなことにならなかったのに」

と、いつまでも悔やんでいると、前に進めないどころか不運が寄ってきます。

では、どうすれば、気持ちを切り換えて、これからの一歩をより良い方向に生きていくことができるのでしょうか。

今、流行りの断捨離（だん・しゃ・り）です。断捨離とは、不要なもの・事柄を「断つ」「捨てる」「離れる」ということです。

特にその行動によって、今も良くないことが続いている時こそ、断捨離で心の中のゴミをひとつずつ掻き出し、捨ててしまうべきもの（未来のエネルギーにならないもの）は整理して、バッサリ捨て切ってしまうことです。

変えられないことは、どうあがいても変えられないのだとスパッと割り切り、では未来は、改善のためにはどうするか、とキッパリ前を向いたとき、幸運が引き寄せられてくるのです。いつまでも過去にこだわり、ぐずぐずしているときに、幸運など寄ってくるはずはないのです。とらわれは我欲から生じるもので、宇宙の心の中には我欲などは存在しないからです。宇宙の摂理を理解すること、妄想を消し去ることこそ幸せへの道標です。できないことはすっぱり諦める、これはとても大事なポイントになります。

●ノートを作って心を毎日チェック

簡単にできる方法を挙げてみましょう。

例えば、ノートの左側に「思い煩っていること」を具体的に記入します。その右に、日付を書いて、夜寝る前に、その日何回その思い患いを感じたか、その回数を記入します。回数がゼロになるまで、その思い患いを断捨離していきます。このようなチェック法は、心を変えていく確かな方法のひとつです。

初めの1週間くらいは、数が多すぎていやになるかもしれませんが、それを過ぎると、とらわれていたものの数も減り、1か月くらい経つころにはゼロになっていることでしょう。ぜひ試してみてください。

（5）「今今を生きる」がつくる幸せな未来

●一瞬一瞬を精一杯、真剣に生きる大切さ

前節では、過去のことについて述べました。では未来は、自分で努力すればつくれるのでしょうか。それは「ＹＥＳ」でもあり、「ＮＯ」とも言えます。未来をつくる方法を行えば「ＹＥＳ」となり、未来をつくる方法を行えなければ、「ＮＯ」ということになります。

では、未来をつくるにはどうすればいいでしょうか。ひとことで言えば、「今今を生きる」ということに尽きます。

なぜなら、人は今だけしか生きることができないからです。

ところが、現実には、人は過去にとらわれたり、未来のことを色々心配して、今の今を真剣に生きることが出来ないでいるのです。

将来のことを計画するといっても、不確定要素がいっぱいあります。天災などは予測不可能ですし、いつ自分や身内が病気などで倒れるかわかりません。

「過去を生きる」ことはできない、「未来を生きる」こともできない。そうなると、人間は「今」しか生きることはできないのです。

それだからこそ、今やっていることに全力投球することが大切なのです。「今今を生きる」とは、今のこの一瞬一瞬を精一杯、真剣に生きるということです。

●ひらめきを逃さず、即座に行動

今今を生きるとは、具体的にはどうすればいいのでしょうか。それは、実に簡単なことです。学習するときも、仕事をすることも、遊ぶことも、お茶を飲むことも、食事をするときも、それに打ち込んで、精一杯やればいいのです。

人間の心というか脳というものは、いろいろなことを考えて一つのことに定まらず、あちこちに思いを飛び回らせる性向があります。脳の働きを放ったままにしておくと、現在目の前にあることに集中できないで、どれもが脳の上を滑るように通り過ぎていき、結局何一つ身に着くことなく終わってしまいます。

大切なのは、目の前にある一つのことを徹底的にやり抜くこと、次の作業や直感が来るときまで目の前のやるべきことに集中することです。これが生物脳と人間脳のバランスを保っていく確実な方法です。

過去を変えることはできませんが、未来は努力次第で、また方法の善し悪しによっていくらでも変化していきます。魂の成長にあわせて人間もどんどん成長していきます。それは、時によっては神風が吹いたとしか思えないような三段跳びの成長を果たすことも可能です。

そのためには、今今を一生懸命に生き、全力を尽くしましょう。

もちろん、思い通りに行かないこともあります。そういうときは、うまくいかないことにとらわれないで、忍耐強く待ったり、方法を変えてみるなどの工夫も必要でしょう。かならず天からの直感は来ます。

宇宙の心はいつも私たちを導いてくれています。私たちは思わぬところで思わぬ発想が浮かんだという経験を誰もが持っているものです。街を歩いているとき、お風呂に入っているとき、あるいは悩みに悩んですべてが行き詰まったとき、ふっとすばらしいアイデアが湧いたりします。それが来たときは、そのひらめきを見逃さず即座に行動に移してください。

古代ギリシアの数学者アルキメデスのエピソードをご存じですか。

アルキメデスは、王様から金の王冠に混ざり物がないかどうかを調べるように命じられました。考えあぐねていたアルキメデスは、ある日、湯がいっぱい入った浴槽につかったとき、自分の身体と同じ量の湯があふれ出すのを見て、純金が本物かどうかを判定する方法を発見し、喜びのあまり「みつけた！みつけた！」と叫びながら裸で街を走ったといいます。必死で方法を探していると、奇跡のようなひらめきがわいてくるのです。

●内なる声を聞く瞑想、綿棒ワーク

ひらめきは、「ささやき」のような形で来る場合があります。自分の内なる声です。内なる声に耳を傾けることも大切にしましょう。

内なる声を聞く方法として、一般によく知られているのが瞑想です。静かに座し、無我になって天の声を聞き出そうとしても、実際にやってみると雑念が入って中々できないものです。

簡単にできる方法が神聖幾何学・綿棒ワーク（細工）とよばれるものです。神聖幾何学は、すべてのものはヒトツカタの平面ではなく立体であるが、現代の幾何学は平面に書かれているもので、これを本来の姿、立体の姿に戻すことで空気の渦、波が生まれるという学問です。

綿棒で立体の幾何学模様をつくっていくと意識が瞑想状態のようになり、瞑想と同じθ波を脳が出すことが認められています。

自然界にはありとあらゆるところも、突き詰めるとシード・オブ・ライフ（生命の種）に行き着き、それらは生命や創造を表象するカタチで、生命エネルギーやパワーが秘められているのです。

綿棒で幾何学的な模様をつくっていくためには、カタチをよく観察しなければならず、綿密に手を動かしていきます。すると自然に集中力も生まれ、その時の脳波をはかると瞑想の時と同じθ波が出るそうです。

アートのようにシード・オブ・ライフ（生命の種）の形をつくっていくうちに長患いの難病が治ったり、綿棒を使う力も残っていない人の部屋のまわりに立体神聖幾何学模様を置いておくだけで快方に向かうなどといった事例が報告されています。

神聖幾何学の模様やカタチ、またそれをワークとしてつくっていく作業は、ものごとを身につけるのと同様、手を動かすという体を動かす作業が伴っていく分、瞑想効果が期待されます。瞑想が様々な理由で難しい人には、瞑想の入り口としてとても良いかもしれません。

（6）「進む、止まる、退く」の3択で直感を鍛える

●ものごとが直感通りに進んでいるという感覚

今今を真剣に生きはじめると、時間が少し遅く流れるように感じることがあります。ふだんは何気なくさっと過ぎて行く時間も、これまでとは違って、自然なかたちですべてを自分が受けた直感で決めているような感覚になっていきます。

食事をとるにも、今食べる、もう少しあとで食べる、今日は食べない、などといったように、はっきりメッセージを受け取っている感じです。

朝ごはん何を食べようかとか、時間がないから仕事場近くのコンビニに寄ろうかとか、迷いなく直感で感じて動けるようになるのは、あるべき姿で進んでいるということで、とても素敵なことです。

しかし、人生の中での決断は、今日の食事はコンビニで済まそうというような簡単なことばかりではありません。

親の介護を家でするか老人ホームに入れるか、マイホームを買うのか賃貸住宅に住むのか、会社員を続けるか独立するか、というような大きな決断が要求され、迷いに迷うケースにも遭遇します。

そんなときは、人間の心の無意識の中には欲望（私欲、貪欲＝ルビ・どんよく＝）が潜

んでいるので、判断を間違えたり、失敗することが起こってきます。しかし、その人の魂（真我、本当の自分）は全知全能です。全知全能は間違えたりはしませんが、全知全能にたどり着く前に我欲が出ると、人間は判断の間違いをおかしたりしてしまうのです。

●直感力を磨けば生命力も強くなる

人間は有史以来、知恵を使い、科学や技術を発達させ、近代都市を建設し、人生を楽しく快適に過ごせるようにまわりの環境を改善させてきました。

蛇口をひねれば出てくる水、お金さえ支払えば手に入る食料、暖かい衣類、空調の利いた家……など。

しかし、その一方で、飽食・美食による生活習慣病の増加、食糧危機、環境破壊、貧富の格差拡大、核戦争の脅威など様々な矛盾や弊害が生じています。科学技術等の発展は、その代償として生命の危機をもたらしたかのような皮肉な結果となっています。

では、このような生きにくくなった社会の中で、現代社会の恩恵を享受し、快適な文化的生活を最大限残しながら、万一危機や困難に見舞われても正しい判断ができるには、どうしたらよいでしょうか。それは直感力を鍛えることです。

直感力を磨くと、波動量が上がり、今を見抜く力、今を生きる力が身についてきます。アイデア、ひらめきがいつでもわいてくるようになり、危険や失敗を回避する本能的な判断力も高まってくるのです。

具体的な直感力の3択方式による鍛え方を、紹介したいと思います。

●Oリングテスト……手の指で自分の本心を確認する

手の指で自分の本心を確認するのが、O（オー）リングテストと呼ばれるものです。3択の質問を自分の本心に投げかけると、本心が答えてくれます。その声を聞く練習を繰り返すと、直感力が鍛えられるようになります。

【Oリングテストの方法】

(右利きの場合)左手の親指と人差し指で、リングをつくります(手のひらは上に向ける)。他の指は、そのままで自然な状態にする。

テスト練習のために、いくつかの食べ物を用意する（新鮮な野菜、果物、チョコレート、クッキー、肉や魚など2～3種類）。

用意した食べ物を1種類だけ左の手のひらにのせる。

次に、自分の本心に「3択」で質問する（※「本心」は、何でも知っている自分の体の中にある生命の実体）。

①これを食べると、私の体にいいですか。

②この食べ物は、私の体に良くも悪いもないですか。

③この食べ物は、私の体にとって毒ですか。

左手は親指で人差し指に力を込めて開かないようにする。

右手は、しっかり締まっている左手の2本の指を力いっぱい広げる方向に広げる。

(質問は、慣れないうちは、声に出して言うことで、はっきりわかりやすくなります。

慣れてくると、心の中で思うだけで、答えをしっかり聞き取ることができます。）

Oリングテストは、何にでも誰にでも出来、場数、使う回数の多さによって早く上達していきます。体得できるようになると、大きな問題が起きた時でも、このOリングテストで、自分の置かれている状態すべてを知り尽くしている本心をはっきりと聞き取ることができるので、人生の方針を間違えずに生きる参考となります。

●「進む、止まる、退く」の3択は物事を成す原則

人生には、二つの選択でどちらにすべきか迷ったりすることがよくあります。

「行くべきか、帰るべきか」

「続けるべきか、やめるべきか」

選択肢が一つ増えて、三択のうちから決断を迫られると、

「進むべきか、止まるべきか、退くべきか」

ということになります。

いずれにしても、決断が迫られたときは、進むのか、止まるのか、退くのかを判断をしなければなりません。私たちはあらゆることを3択で決断していると思います。この継続が人生の流れの方向性、目的性、人生観だと思います。

選択が迫られて決断が迷ったとき、ひとつのことを基準にするといいでしょう。

「本心（本当の自分）にたずねてみる、本当の自分の声を聞く」です。その方法はいく

つかありますが、その中で一番簡単で全世界の多くの人が知っているのがOリングテストです。

本当の自分の声を聞くと、本当の自分の本心は宇宙の心と同じく全知全能ですから、自分を幸せに導くことができます。この声に従って進んでいけばよいのです。

最初の頃は、声なんて聞こえないかもしれない。聞いても、それが本当の自分の声なのかどうかわからない。脳で考えると、こうなります。

しかし、Oリングは体を使った作業ですから、初めから誰でもできるのです。

「これでいいのか、わるいのか」

「行くべきなのか、行ってはいけないのか」

いつも、本当の自分の声を求め続けていく。すると、全知全能の本心があなたの本当の幸せへの道にみちびいてくれます。

わかるようになったら、しめたもの！　あとはその声にしたがって進んでいくだけ。

進めば進むほど、運はひらけていきます。

第2章　カムパワーを霊魂力で活用
——言霊、形霊、音霊、数霊、色霊——

(1) すべてのものには魂が宿る

●魔法の言葉「なんとかなる」

日本人はカムパワーを1万2千年の長きにわたって無意識に使ってきたので、ほとんどの人が見えない世界を信じています。日本人の源流とも言えるカタカムナ文明は、すべてのものに魂が宿る「万物万象はヒトツカタ（相似象）」という考えです。

万物は何らかの刺激によって電気が発生すると、そこに磁気と回転エネルギーが発生し、現象形の見えるものの方向へと進み、魂が宿るのです。

日本人は昔から、辛いことなどに見舞われた時には、「なんとかなる」（カミは逃げ道を必ずつくってくれている）と考えながら困難をやり過ごし、乗り越えてきました。この言葉の中には、形として見えない魂の働きを使って幸せになる方法が込められているのです。

カタカムナの人たちも、困難なときには「ナントカナル」という言葉を使って乗り越えてきたのかもしれません。カタカムナ文字の思念には、次のような意味があります。

ナ……何回も何回も核が変化する
ン……そんな時は必ず何回もやってくる
ト……そのような時さえ統合や重合が起こり続けるのは
カ……宇宙の生命根の力である
ナ……核が方針を決めて
ル……存在しているからである
（したがって大丈夫である。安心して今を生きよう）
※ナ……根元、核、重要なものの意味。「何」回という回数も意味する。

困難な事態に直面しても、「人生、なんとかなるさ」と動じず楽観していれば、天も同調波を送り幸運をもたらし、状況を改善してくれます。現代人が「なんとかなる」という言葉を作り出せるのは、カタカムナの「ナントカナル」のコトバの思念が受け継がれているからです。

言葉は呪文（ルビ・じゅもん）のようなものです。言霊（コトダマ）が宿っているので、それを口にすると、目に見えない力が自然に働くようになります。言葉だけではありません。形（カタチ）にも、音や数、色にも魂が宿ります。それを形霊（カタダマ）、音霊（オトダマ）、数霊（カズタマ）、色霊（イロダマ）というのです。

（2）言葉に魂が宿った「言霊（コトダマ）」

●現代に継承される1万2千年前の思念

コトダマとは、コトバ（言葉）に宿っていると信じられている不思議な力のことで、発した言葉どおりの結果を現す力があるとされ、様々な場所で使用されています。漢字が入ってきた時に、日本人はコトダマの持っている霊的な力に、「言霊」という漢字をあてました。

先ほどの「ナントカナル」の例のように、一つひとつの言葉（48音）にはカタカムナの人たちが込めていた思念があり、その思念は1万2千年たった今も変わらずに残っています。現代において新しい造語が生まれたとしても、1万2千年前の音の中にある思念で読み解くと、きっちりとその中に含まれている魂がわかります。現代に生まれるどんな新語にも、1万2千年前の思念が生きているからです。

日本語の不思議なところは、動物の名前にさえその思念が込められていることです。だから、望み事をするときはその動物をあしらったブローチやネックレスをつけたり、置き物を置いたりします。

例えば、「カエル」には、無事に「かえる（帰る）」「帰ってきてほしい」という心、願いが込められています。またカエル（蛙）を入り口や玄関に置くと、出て行ったお金が「かえって（返って）」きたりします。玄関用には石の置物や、親・子・孫を意味する三段積みになっているものもあります。部屋の置物としてはもちろん、梅雨の頃の洋服柄など、様々なものに応用されています。

フクロウは、苦労がなくなる（不苦労）を意味し、幸運を呼ぶ鳥と考えられ、縁起物や運気アップの象徴としてグッズやお守りに使われてきました。欧米では、首が360度回転する、暗闇で見えることなどから、知恵の神様として建物や服飾に使われているようです。

ヘビ（蛇）は、カタカムナで読むと、「ヘ（方向）」「ヒ（潜象の始元）」（始元根の、見えないが一番価値のある方向へ向かう）を意味します。現代資本主義社会ではお金が一番大切な中心として動いていますので、ヘビは金運の神様として扱われています。また脱皮を繰り返し成長して行く生態から、再生のシンボルとして様々な作品がつくられています。

そのほか、繭にこもってから一瞬で飛翔する蝶、小さな体で地球上を大きく飛ぶツバメ、水のない砂漠でも生命を保つサボテンなど、自然界の様々な生き物が。古今東西を問わず、縁起の良いものとして日常生活の中で活躍しています。

●「ついてる」「ついてない」が引き寄せる現実

現代では、ツキという言葉がよく使われます。これにあたる漢字はありません。純粋な日本語です。「運がいい」という意味で使われます。

雨が降ってきたのに傘を持っていなかったら、「今日はツイテネー」とか、行こうと思っていたレストランが閉まっていたので、仕方なく別のレストランにして、すごく美味しかったりしたら、「今日はツイテタア」と言ったりします。

「ツキ」は、カタカムナ的には、一個一個の粒子を意味し、粒子は現象化した（見えるようになった）ということをあらわします。月のこともツキと読みます。そんな流れから、現実の世の中で良いことが起こることを「ツキがある」「「ツキがいい」とか「ツキまくり」などといい、喜びをあらわします。


ここで「言霊（コトダマ）のルール」について、お話ししましょう。

コトは、繰り返し（コ）重合統合（ト）することで、タマとは、独立（タ）したマ（粒子）で、「現象界に（粒子として）発生する」ことを意味しますが、言霊のルールは、「発生する現象界のことについて、人にはそれを変更することはできない（変更する力も権限もない）」ということです。「結果の現象そのものを受け入れるしかない」ということで、同じ（波動を持つ）言葉を発声する人同士は互いに引き合い、集合することになります。


例えば、ビルの建築現場から大きな落下物が起きてきて、大勢の人がけがをして救急車で病院に運ばれます。その中で、いつも口癖のように「おれは、ついている。おれは、ついている」と言っている人がいました。彼は、腕を骨折しました。

しかし、彼は「おれは、ついているなあ。この事故で亡くなった人もいる。脊髄をやられて、一生車イス生活になった人もいる。おれは、ついているなあ。腕の骨が一本折れただけで助かったんだから」と、言いました。

こういう人もいます。お金をいつもより余分に財布に入れた日に限って、財布を落としました。彼は、「おれはついているなあ。お金はなくしたが、命まで無くなったわけではないからなあ」と言いました。

これが、常ひごろ「ついてないなあ」を口癖にしている人は、同じ事故や不運に出くわしたとき、どう言うでしょうか。

片手が折れてしまったら、「せっかく、はるばるニューヨークまで遊びに来たのに、ものが落ちてきて、そこに居合わせて腕が折れてしまった。なんという巡り合わせの悪いことよ。ついてないなあ」と言います。

同じ財布を落とした場合でも、いつも「ついてない」と不満を口にしていた人は、「昨日までなら落としても、わずかな損害で済んだはずだが、よりによって今日ＡＴＭでお金を出した日に、財布を落としてしまった。なんて、おれはついてないんだ」と考えるのです。

同じ出来事に遭遇しても、ついているが口癖の人は、事故に遭っても、「これくらいの程度で終わって、ついている」といい、いつもついていないが口癖の人は、「おれはなんでこんなに運が悪いんだ。ついてない」と言うのです。

起こっている事実は同じでも、その時に発するコトダマが違うのです。

●言霊がもたらす「引き寄せの法則」!?

言霊のルールは、同種の人間を引き合わせて、「ついているなあ」という人たち同士を色々な縁で結ばせて、グループ化させていきます。ついてないと言う人も、同じ者同士でグループ化されていきます。いつの間にか気づいたら、ついている人たちばかりのグループと、ついてないという人たちのグループに分かれます。ついている人は勝手についているのではないのです。ついていない人はつきを手放しているのです。

ついている人の心の中には、いつも自分がついていると思っていますし、どんなことがまわりに起こっても、感謝の言葉と、おかげさまという気持ちしかありません。すると、宇宙の感謝の気持ちも引き寄せられ、愛と感謝がその人の上にふりそそぐのです。ついているも、ありがたいも、感謝も愛も、すべて元は一つなのです。

ひとことで言うと、この世に生を受けて、様々なおかげで今日を生きていることは、実は大きな奇跡なのです。その奇跡の大きさを知っている人は、何に出会っても奇跡の中で出会う最高の縁なのです。

奇跡だからこそ、そしてそれを起こすのは人間の中にある「生命の実体＝ミ」だからこそ、すべてのことは自分の心が起こすものだと知っています。

●感謝を忘れてしまった現代人

まわりが完全でなくても大難が小難に、小難が無難に生きていけることに、つねに感謝が生まれるのです。そして、ついている人たちと見えないエネルギーで結ばれて、いつの間にか同じような人々と暮らして、ますますついている人生を歩むことになります。

逆に、ついてないと思う人はどうでしょうか。毎朝起きて、無事に目覚めたことに奇跡を感じるでしょうか。朝、肺いっぱいの空気を吸い込むとき、ありがたいと思っているでしょうか。

生まれた時から慣れ親しんだ地球、つねに地表には空気が保たれ、いつでも自然に空気を吸い込むことが出来る、そのこと自体、全宇宙ではとても奇跡的なことなのです。ありがたいことなのです。この地球という星で、宇宙服を着る必要もなく、呼吸できて、歩きやすい引力に守られて自由に行動できる、これ自体が奇跡なのです。ツキがないという人は、このことを忘れています。

身のまわりにある空気のように、見えなくて存在感もなくていつでもあるもの、それはあたりまえに自分に与えられたものだと思っています。「ありがたい（有り難い、めったにない）」の反対語は「あたりまえ（いつでもある）」です。

心の中に「あたりまえ」が住み出した時、言いかえると、奇跡に対する感謝を忘れた瞬間、不満や恐れ、ねたみや不運のエネルギーが喜んで近寄ってきます。地球もすべて陰と陽（アワとサヌキ）、幸運と不運すべてのものが四相のすがたで魂をもって漂っています。しゃべる言葉一つひとつが魂を持ったコトダマとなります。

心に思っていなくても、そんなことはわかっていると思っていることであっても、見えないけれど魂の入った言葉が口から出た途端、同じ種類の魂が集まってきて、重合・統合化して一体となるのです。

●1日「ありがとう」10回、「ついてる」5回

幸せになりたいなら、言葉一つにも魂を入れ、直感を受け、良い魂や良い魂を持った人々が集まってくるような言葉を発してみましょう。

初めは慣れなくてもよいのです。ノルマをかけて、「ありがとう」と1日10回は言いましょう。「ついている」と最低5回は言いましょう。形は、目に見えない本質を引っ張っ

てくる力を持っていいのです。形から入っていいのです。慣れてくると次が見えてきます。昨日と今日は変わらず、今日と明日は変わらなくても、「ありがとう」10回、「ついてる」5回を、まずはひと月続けてください。何も変わらないように見えるかもしれません。しかし、1年それを続けて振り返ってみましょう。まったく違う人生が、かならず待っています。

1日が終わった夜に、今日は何回「ありがとう」と言ったか、「ついてる」と何回言ったか、数えましょう。同時に、不満と「ついてない」を何回口に出したか数えてみましょう。「ついてない」と言い慣れて暮らした人は、ふとしたことで「ついてない」と言ってしまうものです。

そんなときは自分を許してあげましょう。そして明日から、もう一度ノルマに向き合ってください。不思議なことに運命は少しずつ動き始めます。

運命は動かすことができるから運命なのです。運命と宿命は違います。だから、誰ひとり運命の悪い人はいないのです。運命が悪い方向に行く人は、自分自身の「ミ」(生命の実体)を運の悪い方向に向けているのです。

そういう自己を見つけることができたら、開運の扉が開きはじめるようになります。言霊を使って、幸せをつかもう!!

（3）カタチに宿る「形霊（カタダマ）」

●願いを込め、縁起をかついだおせち料理

形に宿った魂のことを「形霊」といいます。形霊の考え方は、太古から始まり、神道や昔話にまで伝承されています。カタカムナでは、物の形として存在しているのは、その物に「その形の魂」が宿っているためそのようになると説明していて、「ヒトツカタ（相似象）」とよばれます。

ヒトツカタとは、最初の目に見えない始元の状態にあるもの（ヒ）が、重合・統合（ト）を繰り返して、個々の粒子（ツ）となり、それが潜象の無限量の力を持つ根源（カ）として独立した（タ）という意味で、それが形として現われて万物万象となっていきます。万物万象は様々な形を持ちますが、形は違ってもすべて根元としての魂を共通に持っているというのが形霊の考え方です。

例えばお正月のおせちや鏡餅などに、形霊の風習が形式として残っています。

古代から、穴が開いている蓮根には、「先を見通す」という形霊が宿っていると考えて、「先が見通せるように」という願いを込め、おせち料理に使われています。

小さな球形から先のとがったくちばし状の芽が伸びているくわい（慈姑）は、「芽が出る」「めでたい」と縁起をかついだものです。黒豆は「まめに」働けるよう健康と根気が続くようにとの願いが込められています。

子孫繁栄をあらわす数の子（多産）や、姿かたちが立派な「尾頭（おかしら）つき」海老や鯛も、縁起がいいものと考えられています。

そのほかに、かまぼこを紅白に並ばせたり、代々（だいだい）繁栄が続くようにと橙（だいだい）を鏡餅にのせたり、「喜ぶ」として昆布をかけたり、金銀の水引細工を祝いの形にして飾ったりします。

このように料理や飾り付けに願いの心をあらわそうとしたり、縁起をかつぐのは、形にも魂があると考えられているからです。

●キリスト教の十字架、十字を切るサッカー選手

またキリスト教では、「十字」というカタチがとても深い意味を持つと考えられています。十字架のタテの線は神と人間との関係、ヨコの線は人々の間の関係、十字は両者の調和（和解）をあらわすといわれ、十字架は信仰の力と救いをもたらしてくれるシンボルとしてあがめられています。

よくサッカー選手などが、十字を切るしぐさをしますが、これは神様が共にいて力づけてくれることを願う祈りや感謝をあらわしているといえます。

日本人は、昔からものを大切にすることを美徳としてきました。そして、大切に扱うものにも魂が宿ると考えました。物には「形」があります。物に魂が宿るなら、形にも魂（念、気持ち）が宿るというのが形霊です。

言霊と後にのべる数霊は、表裏の関係にあり、形霊はその両者を結ぶ役割をはたしてい

ると考える見解もあります。

●立体（神聖）幾何学が起こす様々な奇跡

第1章で、神聖幾何学の綿棒ワークのことを取り上げましたが、この神聖幾何学こそ、まさに形霊の学問なのです。

自然界のものには、驚くほどきれいで整った幾何学模様があります（三次元は必ず立体で平面ではありません）。生命誕生のパターン（細胞分裂やＤＮＡの構造など）、植物の花や葉、雪の結晶なども実に見事で神秘的です。それらが、あまりにも美しいので、様々なアートやシンボルマークにモチーフ（題材）として用いられてきました。

神聖幾何学の歴史は古く、古代ギリシアの哲学者プラトン（前４２７～前３４７）も神聖幾何学理論を残しています。近年、宇宙時代が近づくにつれ形霊の研究も再燃し、折り紙や組み紐、竹籠などを通して、平面図形の幾何学ではなく、立体幾何学としての探究が深まっています。

立体幾何学の探究は、形霊を既定の事実として認め、信じる人々によっておこなわれています。その中には、不食の人として著名なオーストラリアのジャスムヒーンさん、日本では不食の弁護士として知られる秋山佳胤博士がおられます。ちなみに不食とは、食べ物を摂取しないで生活することをいいます。

最近、神聖幾何学は、「神聖幾何学・綿棒ワーク」として有名になりつつあります。なぜなら、立体の神聖幾何学模様を綿棒でつくると、体感では忘れている三次元パワーを受け取り、人間の脳はθ（シータ）波を出す瞑想状態になり、今までの病理学では説明のつかない奇跡が実際に起きるからです。

現代人は、伝達文字や図形を平面で頭に入れていますが、本来の元の姿である立体にしていくことで、本質が身に着くような波が発生するのです。

例えば、癌を含む難病患者が手術や抗ガン剤に頼らずに治癒するケースが幾つも起きています。これは、神聖幾何学の立体化による空気の流れ、形霊による心身の歪みの正常化などによって、宇宙の波動と同調して免疫力がアップするためと考えられています。

神聖幾何学の模様を綿棒でつくるだけで、宇宙究極のエネルギーが目に見える形であらわれ、様々な奇跡を起こす、これが「形霊」の効果です。

これらを見ていると、形霊が存在することは誰の目から見ても明らかですね。そのエネルギーは、誰を傷つけることも搾取することもなく、人間全体を幸せの方向に向けて動き、はたらいてくれます。全てのものに魂が宿り、その魂の調和によって、宇宙の心、宇宙の愛に共振し、様々な形で触れることのできるチャンスの時代が到来したのではないかと考えられます。

今まで単なる霊の羅列のように考えられていた音霊、形霊……などですが、今後は様々な形の現象物（エネルギー）としてあらわれるスピードも速くなると思われます。

●神と人間の領域を区画する鳥居（トリヰ）

神道では、鳥居（トリヰ）なども色々な意味を持つ形霊としてつくられたものです。トリヰをカタカムナで読み解くと、重合・統合（ト）と分離（リ）を繰り返す、現象の有限宇宙と潜象の無限の宇宙（ヰ）という意味になります。

鳥居は、門のような形をしていますが、人間より上位に存在するカミの住まわれる「神域」と人間が住む「俗界」を区画するもの（結界）としての役割を持っています。「ここから中は、神の領域になります」という神域への入口をあらわしていると考えられます。

鳥居は単純なようで、様々な形が存在し、世界各地に類似のものがみられます。インドの寺院の門を真似たとか、古代イスラエルの建物玄関口とそっくりの構造をしているなどの諸説もありますが、はっきりした起源はわかっていません。

ただ日本においては、奈良時代から神社建築の時より、神社門の一種としての歴史が残っており、以来13世紀にわたって途絶えることなく神聖な結界として、神社の入り口を守っています。

語源についても明らかになっておらず、「鶏の止まり木」を意味する「鶏居」を語源とするとか、「とおりいる（通り入る）」という言葉が転じたとするなどの諸説があります。私見ですが、カタカムナ文献が発見・解読された現代においては、トリヰとは、カタカムナの思念からみちびかれるように「潜象と現象の両方が存在し、その界面に存在する立体的（上下・左右・前後）な結界」を意味していると考えた方が妥当と思われます。

なお、トリヰの形式としては、神明鳥居（しんめいとりい）や明神鳥居（みょうじんとりい）など主として10種ほどあります。

そのほか、大きな岩や石をご神体とする巨石文化、しめ縄なども八百万の神々をまつる神道の特徴です。これほどの多くの形霊が密集している国は、世界の中でもまれといえるでしょう。これは形にも魂が宿るという日本独自の精神文化が現存していることを物語るなによりの実例です。

●玉に神秘性を見いだす日本の「玉（ぎょく）文化」

日本の文化は、別名玉文化（ぎょくぶんか）ともいわれます。物質はすべて球状（タマ状）になっているという考え方が基本にあります。

古くより、玉（たま）は魂・霊（タマ）にも通じるとされて、ヒスイなどを加工した玉を装飾品として身につけたり、お墓に収めたりしたようです。

日本の三種の神器のひとつ、国宝としても有名な勾玉（まがたま、曲玉）は、カタチは球状ではありませんが、古代より魔除けの石、幸運を招く玉として、護符に用いられたり、装身具のひとつとされてきました。

立体の球は、平面では円ともなり、輪ともなり、輪は和にもつながります。

和は、調和（均衡）の和、足し算の和であり、◯は縁（ふち）であり、その中は個を見つけ出すことのできない「空」であるという物理の意味も含んでいます。

また別に、親子の和、人の和などの精神的な一体感の意味でも使われます。「ワ」は「倭（わ）」の漢字があてられると、国名の意味となります。

万物は外から見みては「輪」に見えず、植物、動物、魚、人間などは固有の姿を持っているように見えます。しかし、生命は電磁気であるという最先端物理学の見方をすると、全生物は外形の上に少し楕円の光の輪が被さっており、命あるものは球の形をしているというのが実相です。

それを測定できる時代になりました。すべての生命物は球であり、ヒトツカタ（一定の共通ルールの内側でのみ存在する同一の型）なのです。

カタカムナ文字では、「ワ」は、「無限のカムのチカラが、現象界に出現して、輪＝和となり、それらはすべて球体である」という基底思念を持っています。その思念が、日本人の心の中に連綿として受け継がれてきて、日本の玉文化、「和」を尊ぶ「和の文化」が形成されてきました。

球は一瞬としてとどまることなく、自転・公転し、その力は電気・磁気・回転エネルギーを伴い、万物の根元の型は、同じ法則によって動いており、とどまるとエネルギーは失われ、現実の存在ではなくなるという思念をもっているのが、日本の文化です。

その思念は、実はカタカムナの思念なのです。

カタカムナでは、回転エネルギーにも微妙ないろいろな型の「差」があり、その差によって万物は様々に違った形態をとるとしています。しかし、違った形を取っていても、実態を外から包んでいる光はヒトツカタです。

つまり、「差」が、生命全てに多様性をあたえ、多様性を持ちながら、その元をたどればすべてはヒトツカタから派生した万物同体であるということです。

（4）音に宿る「音霊（オトダマ）」

●お経や楽器、虫の鳴き声、清流のせせらぎにも

カタカムナの「万物生命ヒトツカタ」という考えでは、耳で聞くことのできるものすべてを音霊といい、すべての音の中には音霊という魂（不思議な力）が宿っているといいます。これまでにのべた言葉に宿る言霊、形に宿る形霊とまったく同じ理屈です。

言霊はよく知られていますが、言葉には、それに重なる「ヒビキ」という音も併せ持っていて、そのヒビキにも魂が宿る（音霊）ので、不思議な力は倍加される形となり、人間がよりよく認識できる姿となります。

それだからこそ、わずか48音の組み合わせ文字によって宇宙の森羅万象が表現されるのであり、カタカムナの人々が、ヒビキの音霊とその言葉の言霊とを併せてカタカムナウタヒ80首をつくり、宇宙の森羅万象のあらゆることを説明した抽象力には、現代の我々もただただ脱帽せざるをえません。

音霊はどんな時に生まれるのでしょうか。あるいは、どんな音が音霊を生み出すのでしょうか。

お祈りをする、お経をあげる、祝詞を唱える……そのようなときに音霊がその音に宿ります。楽器、自然の風雨、虫や動物などの鳴き声、木々のさざめき、打ち寄せる波、清流のせせらぎに至るまで、人間の発する言葉以外の音にも音霊は宿ります。

音のヒビキは人々に安らぎを与え、時として「騒音」と感じることもあります。地球の回転や月の運行などは、とてつもなく大きな音が出ているはずですが、不思議なことに、何かに打ち消されているのか私たちの耳には感じられません。

●カタカムナの音霊パワーを従軍医が身をもって体験

1万2千年前、当時のカタカムナ人たちは宇宙の響きを直感的に受け取り、その響きを言葉と文字であらわし、その言葉に、なにがしかの旋律をつけ、リズムに乗せて歌ってコミュニケーションや教育に使っていたと思われます。

また音を発することにより直感力を鍛え、脳のチカラを増幅させていたと考えられます。

2019年、『カタカムナ文明入門編』を出版した際、カタカムナイノチのウタヒを西洋風ポップ調の音楽にのせて、作曲独唱したアルバムをつくりました。彼らの時代の旋律、リズムがどのようなものであったかはわかりませんが、現代の世界の音楽を想像しながら作曲して、現代人が楽しく歌えるようにつくったのです。

そのカタカムナウタヒの音霊がみせてくれた一つのエピソードをご紹介したいと思います。

カタカムナウタヒの本付録のCDを出したあと、どのような縁があったのかはわかりませんが、なぜかフェイスブックからアメリカ軍の従軍医の方と縁が結ばれました。彼は世界平和ために働きたいという意思が強く、志願して従軍医になりました。任地はイエメンの戦地。

ところが、実際には仕事がなく、危険な現場の厳しさに恐怖でおびえる日々が続き、従軍医になったことを後悔していました。ファイスブックを通して知り合いになったのは、ちょうどそのような時でした。彼は47歳で、私のことを「姉」と呼んでくれていました。

彼は仕事がないことなど悩みをメールで送ってくるので、私は「軍で医者に仕事がないのは有り難いことだから、感謝をしてください」とか「ひも一本でもあれば、縄跳びもできる。毎日体を動かすように」「食べ物が1日1食しかないときは、ゆっくりよく噛んで食べれば空腹を感じなくなる」などと毎日やり取りしているうちに、2か月ぐらい経つと、だんだん打ち解けて、亡くなった奥さんのこと寄宿舎に入っている子供のことなどを話してくれるようになりました。

その後、彼からの希望もあって、カタカムナイノチのウタヒ（第5、6首）をメッセンジャーで送ると、「毎日聞いている、カタカムナウタヒは心の癒しになっている」「恐怖の心が薄らいで、毎日体もリズムに合わせて動かしている」という喜びのメールがきました。

あるときメッセンジャーで会話している時でした。彼が「外で変な音がするので、様子を見てくる」という声を残して、ぷっつりと通信が途絶えてしまいました。2日後、「隣のテントが襲撃され、1人が死亡、2人のけが人が出て看病の2日間を過ごしていた」というメールが届きました。彼は、「戦地で医者に仕事がないことがどんなに幸せなことか。看病しながら、何度も何度もそのことを思い出すと、耳に焼きついたカタカムナウタヒがいつも聞こえていた」とも話してくれました。

それを聞いて、私は「運というものは上向くものだから、考え方が前向きになったとき、近い将来にきっと良いことが起こる」と激励しました。

その1週間後、彼から「帰国許可が出た」というハッピーニュースが送られてきました。

隣のテントが襲撃されて死者まで出たのに、自分のテントは被害を免れ、1年以上も延期になって待たされていた帰国が、あっという間に実現したというのです。それを聞いて、私はこれこそカタカムナのパワー（カムパワー）だと感じました。

2か月前の落ち込みに比べれば、今は格段に前向きになった彼の姿勢。心が変われば、起こってくる現実も変わるという奇跡のような変化を見せつけられると、まさに人間の脳の働きを、宇宙の心と一体化させることのできるカタカムナウタヒのパワーを感じざるを得ませんでした。

●宇宙のコトワリを感受、抽象する古代人の凄さ

私たちは様々な音霊に囲まれて暮らしています。様々な音の中から、人間の脳は少し鍛えると、自分に一番波長の合う音を選び出して、エネルギーをもらえる能力がうまれながらに備わっています。

そのことは、対面で座っているとき向かいの人の話はよく聞こえるのに、録音して聞こうとすると、他の雑音などがかなり入っていて、とても聞こえにくいという体験からもわかります。

そうです！　脳は聞き取りたいものを選んで聞き分けているのです。

オトダマと言ってしまうと、わずか4文字の音にすぎませんが、そこには響きが共鳴して、脳がθ（シータ）波になる波長のことや、どのような音にはどの脳が癒しを感じ、どの脳がわびしさを感じるかなど、深い意味合いをもった言葉なのです。

音霊について現代語で説明しようとすると、書いても書いても書き切れない深い内容が含まれていて適切な言葉が見つからず、もどかしくなってしまいます。

宇宙天然自然のことわりと生命発生の物理（根本原理）を、「カタカムナ」という一つの言葉でくくって言い表した上古代の人たちの直感力、感受性、シンプルさ、言いかえると彼らの抽象力のすごさに、あらためて感慨深いものを感じさせられます。

（5）数字に宿る「数霊（カヅダマ）」

●数字を理解すると真実が見えてくる!?

数霊とは、数字に宿る魂、不思議な力のことです。

古くから数字には意味があり、神秘的なものとつながりがあると考えられていました。

２５００年くらい前、「ピタゴラスの定理」で有名な古代ギリシアの自然哲学者・ピタゴラスも「万物の根源は数である」と言い、自然現象には法則があり、その法則は数であらわせると考えました。

昔からある姓名判断、数秘学、算命学などといった学問は、数字の力（エネルギー）が人々に様々な影響を与えているという数霊の考え方に立っています。

名前の画数（数字）から、その人の性格や適性、仕事運、相性などの特徴を割り出そうとするのが姓名判断です。生年月日から運命数（数字）を出し、才能や潜在能力、運勢、人生のテーマなどを占おうというのが数秘学（数秘術）です。

このように、数字には意味や力があり、独自の波動、周波数を持っていて幸運のヒントをつかむことができたり、より良い人生を送るために活用できると考えられています。

カタカムナ人も数字には霊魂があると考え、「カヅタマ（数霊）」という字を当てました。カタカムナ文献（第5首）も1から10までの数（ヒフミヨイムナヤコト）に、数字の意味と、その数字の原因になっているパワー、魂について説いています。その秘法は今も色々な形で引き継がれています。

カタカムナの説く数字の思念は、次の通りです。

数字の1（ヒ）……あらゆるものの根源・始元、根本、潜象の始元。
2（フ）……潜象系、対、負、増える、の意。
3（ミ）……生命の実体、潜象、実質、粒子。
4（ヨ）……四相性、トキ・トコロの場。
5（イ）……現象物の磁気と電気の粒子、万物の正反、トキ・トコロの同時性。
6（ム）……六方環境、広がり、電子をつくる現象。
7（ナ）……生命になれるかどうかの鍵、変化する核。
8（ヤ）……飽和、還元、極限の分岐点。
9（コ）……何回も何回もの繰り返し、継続。
10（ト）……重合・統合の発生。

ピタゴラスなどは、「生まれ持った数字（誕生日など）には、それぞれ深い意味があり、その数字を理解すると真実が分かるようになる」と考えていたようです。

●神秘的なパワーを秘めた「5の数字」

先ほど挙げたカタカムナの説く数字の意味を、もう少しくわしく見ていきます。数字に込められた「真実」がわかり、幸運のヒントがつかめるといいですね。

「ヒ」は、現象の世界において、非常にエネルギーを持った重要な数字「1」です。万物の始元量であり、「根源、根本、始原」を表象しています。

「ヒフミヨイ」の「ヒ」とは、カの正・反（アワ・サヌキ）が「ヤタノカ」の「フトタマノミミコト」によって、ヒのマリ（粒子）となったものです。

「フ」は数字の「2」をあらわします。「ものが増える、太る」の思念を併せ持つ音でもあり、「ヒ」が2個集まったものがフです（カタカムナ語ではフマリまたはクマリという）。

「ミ」は、数字の「3」をあらわしますが、「本質、素量、身、満ちる」などの思念をあらわす音でもあります。3個のマリが集まったものが、カタカムナ語でいうイカツミ、マクミ、カラミの三素量です。

「ヨ」は、数字の「4」をあらわし、「四相分立、移行」を意味します。「ミ」つどもえ（三素量）のマリ（粒子）となったものが、さらに変遷して宇宙のあらゆる現象物になります。それら現象物は、トキ・トコロを得て四（ヨ）相をもちます。

「イ」は、数字の「5」をあらわし、トキ・トコロを得て四相（ヨ）を持ち、生命（イ）

粒子（現象物）になるのですが、現象の世界では、まだ安定した完全体ではありません。次に述べる、安定した「ム（6）」になる前の過渡期粒子です。

5の数字は、1から9までの数字の真ん中に当たることから、中心をつかさどる数字と考えられ、神秘的なパワーや秘法のエネルギーがより強いとされています。

三角形や四角形は、身近にいくらでもありますが、では五角形はどうでしょうか。どんなものが思い浮かびますか。正五角形における1辺の長さと対角線の長さの比は黄金比と呼ばれ、この黄金比が自然界や科学、文化、芸術などの分野で様々な美しい形に潜んでいることが知られています。

例えば、ウニやヒトデは棘皮（きょくひ）動物と呼ばれ、美しい形の五角形をしています。星（☆）のマークのような五芒星は非常に強い力を持つとされ、浄化や魔除けに用いられます。アメリカ国防総省の建物（通称ペンタゴン）や茨城県つくば市にある五角堂（ごかくどう）も五角形の建築物です。

植物も5つの花びらを持つものが多く、山地に自生する五葉松などは一つの根元から5本ずつ先の尖った針状の葉が出てきれいに並んでいます。天然自然の万物は「木火土金水」の五行から出来ています。

●水晶や雪の結晶、蜂の巣、亀の甲の「美しい六角形」

「イ」の次は「ム」です。「ム」は六方環境に広がって、現象から形として安定する始まりの数です。数字の「6」をあらわします。

「ム」は現象にあらわれた最初の安定形であり、この6が現象界に展開すると、天然自然は多種多様なものが多彩にあらわれるようになります。たしかに自然界に目を向けると、数字の「6」がたくさん発見できます。蜂の巣がそうです。六角形がきれいに並んでいます。そのほか、雪の結晶、水晶の結晶、水の分子、トンボの目（複眼）、炭素原子＝ダイヤモンド原子、細菌、ウイルス、遺伝子、象徴の栄養吸収細胞、火山の爆発でマグマが冷えて蜂の巣のようになった柱状節理（ちゅうじょうせつり）など、たくさんあります。

まさに「自然界がつくる美しい六角形たち」といったところです。亀の甲羅も六角形ですね。亀は不老長寿の象徴なので、亀甲（きっこう）模様は家紋にも多く使われています。亀の甲羅は六角形といいましたが、正確には六角形のほかに五角形や四角形もあります。どの場所が六角形になるのか、その規則性などについては何もわかっていません。ただ、宇宙の心は六角形になる場所をちゃんと定めて、安定させているのです。

古代の人たちは、こうした天然自然の規則性を単なる数字以上のパワー（魂の存在）として感じ取る直感力（アワ脳）を持っていました。現代は理屈とか科学的根拠が優先されて直感力は衰えていますが、感性の鋭い人たちは自然の神秘性、神秘力を秘法とか秘伝という形で受け継ぎ伝えているのです。

また「6」は完全数でもあります。完全数とは、「自分自身を除く正の約数の和に等しくなる自然数」のことです。「6」の場合でいうと、6の約数は1と2と3です。それで、1＋2＋3とすると6になります。「6」以外の完全数は、28があります。28の約数は、1と2と4と7と14です。1＋2＋4＋7＋14とすると28になります。そのほかに完全数として「496」と「8128」が知られています。

6にまつわる数字としては、天地創造の6日間があり、完全数28にまつわる数字としては月の公転周期28日があります。この2つの数字は、地上と天界における神の完全性を象徴するものだと考えられています。

●七変化、七不思議、七草、七福神、七光、虹の七色

6の次の数字は7です。カタカムナでは、「六（ム）方環境から七（ナ）で変化して二つの方向に分かれ、極限（ヤ）の状態で飽和または還元に決定される」と、「6」の完全体から「8」の飽和か還元2つの大きな分かれ道を決定するのが「7」の役割だとしています。

七（7）を含んだ言葉を見つけてみましょう。七変化、七不思議、七草、七福神、七光、虹の七色などがあります。そのほかに、日本の震度の現在最大値が7です。pH（ペーハー）の中性値の7、オクターブ7音階、新約聖書ヨハネ黙示録では7つの門が登場し、1週間の曜日周期7日、北斗七星、サイコロの対面の和がすべて7、七大天使、7つ道具などがあります。

では、「8」に進んでみましょう。

カタカムナでは、七（ナ）で変化して八（ヤ）に進んで、そこで次の段階に行く。飽和または還元の二つの方向に分かれ、成長していく飽和（ヤ）に向かったものは、繰り返し（コ）重合統合（ト）して次の段階に進み、元の無に戻る還元（ヤ）に向かったものは、そこで崩壊しカムに戻るということです。

ただ、日本の思想では字の形（八）から「末広がり」を連想し、縁起の良い数として好まれています。

自然界における「8」は、タコの足、クモの足があります。八にまつわる言葉は多いです。八島、八雲、八十、八咫（やた）の鏡、八重桜、八百万（やおよろず）などです。

「9」を見てみると、「コ」と読み、繰り返すという思念があります。つまり、生命循環の始まりを意味しています。

カタカムナの解釈は、七（ナ）で変化して八（ヤ）に進んで、崩壊せずに「コ」までやってきたものは、「ヒフミヨイムナヤ」まで進んで、「コ」まで来てさらにそこで重合を繰り返し様々なものに変遷します。そして十（ト）まで行って、統合し、成長するのが生命であると説明します。

「九」を含む言葉を挙げてみましょう。天然自然の摂理というよりは、人間脳で考えられた内容が多い感じがします。九星占い（易学の一つ）、九流（儒家など中国古代の思想学派の総称）、九州、九柱（エジプト神話の神々）などです。

「10（十）」を見てみましょう。「十」を含む言葉には、十姉妹（じゅうしまつ）、十分、十戒、十字架などがあります。「十」は「そ」と読むこともあり、三十路（みそじ）、四十路（よそじ）などといいます。計算具のそろばん（算盤）は、当て字で「十露盤」とも書き、「百貨店そごう」の名前は十合（そごう）から来ています。創業者の名前が十合伊兵衛（そごういへい）だったそうです。

「10（十）」は、次の段階の「1」を意味します。段階が上がって、そこからまた新しく始まるのです。10進法を思い浮かべてみれば、わかりやすいと思います。このようにして、重なって増えていく数字が大きくなるにつれて各々に理由があり、そこに魂が宿り、新しい無限大の世界の中で色々な現象が起こってもなんら不思議はないということです。

10進法は、単位の数が10集まるごとに新しい単位をつくっていく数の表し方で、カタカムナにおいては、自然の生命発生を説明するのに10進法が適していると考えていたようです。

(6) 色に宿る「色霊（イロダマ）」

●心を温かくする明色、落ち着かせる暗色

これまで魂が宿るものとして言霊、形霊、音霊、数霊をとりあげてきました。そのほか色にも魂が宿り、色霊と呼ばれ、エネルギーをもち効果をあらわします。最後に色霊について説明します。

現代の私たちは様々な色に囲まれて生活しています。まわりには青い空や緑の山々、色とりどりの花々、赤い夕焼け、真っ白な雪景色などの自然が広がり、街にはカラフルな建物、看板、車などがあふれています。色は、私たちの生活にあふれている一つの要素です。

食べ物を口にしたとき、味を感じるのは味覚で、いい匂いだと感じるのは嗅覚ですが、色を感じるのは視覚です。人間は7つの色彩を識別できるとされ、その色は「赤橙黄緑青

藍紫（せき・とう・おう・りょく・せい・らん・し）」いわゆる「虹の色」と呼ばれています。

この基本の7つが混色して様々な色として見えています。人間に見えるのはここまでで、見えない潜象の色を赤外線、紫外線と呼んでいます。

それぞれの色に魂が宿るわけですが、色霊によってエネルギーには違いがあり、色が持つイメージもそれぞれ違います。明色は心を温かくし、暗色は心を落ち着かせ、寒色は涼しくも寒くも感じられます。発する色によって、それに人間の心が反応します。心の本質は光であり、その人のオーラ、光の色は魂の色であり、だれでも自分で見えることもありますが、オーラカメラで写すこともできます。

光に色が出るのは、そこに魂が宿っているからであり、それを日本人は色霊と呼んできました。色のパワーを実用に使いこなせるアロマセラピーやカラーセラピーなども生まれてきました。私たちは色が持つイメージの違いをよく理解し、上手に色霊のエネルギーを活用したいものです。

例えば「赤」といったとき、私たちはどんなイメージを思い浮かべるでしょうか。燃えさかる炎とか、太陽でしょうか。赤のエネルギーは、強くて高い感じがします。一方で、消防車とか赤十字とか、何か警告を発するとか目立たせる色として用いられるようにも感じます。

色霊から見れば、「赤」は、脈々と躍動する、強いエネルギーをイメージさせる色です。色にはエネルギーが宿っているので、身に着けるものに意識を置いて、今日の自分をどう表現したいか、どんなエネルギー状態になりたいかなどと考えると、色霊を活用することができるでしょう。

競馬・競輪で騎手・選手がレース中に着るユニフォームを勝負服といいますが、転じて、ここぞという場面で着用するときも勝負服と言ったりします。何か力強さや行動力などがほしかったら、赤色を身にまとったり、自分のイメージカラーにしたりすると、気持ちが鼓舞され、自信や情熱を印象づけたり、赤い色霊のエネルギーを利用できるようになります。

色の性質や役割をあげてみました。色の役割を理解して、上手に色霊を活用してください。

■色が持つ意味、イメージ、特徴■

赤……………情熱的、明るい、活動的、エネルギー、など
橙……………陽気、あたたかい、心を開く、落ち着き、など
黄……………希望、幸福、前進、喜び、など
緑……………自然、癒し、調和、安全、健康、など
青……………知性、開放感、爽快、やさしさ、など
藍……………伝統、誠実、哲学的、理知、研究心、など
紫……………精神性、優雅、神秘、威厳、など
白……………純粋、清潔、無垢、神聖、ヒーラー、など
黒……………重量感、高級感、威厳、暗闇、など

●色霊の魂を感じるのは機械より人間の感性

スピリチュアルな世界（精神世界）では、人間や動物、植物の内面や身体から発せられる霊的なエネルギーのことをオーラといいますが、オーラにも色があり、その色をコントロールすれば、潜在能力を活性化できるともいわれています。

一流のアスリートやアーティスト、大物の芸能人を評して「あの人はオーラがある」といったりするのを聞くことがあります。神聖で高潔な仏像やキリスト像などでは後光という形でこの光をあらわしています。

オーラの状態を美しく保つためにポジティブな思考・行動をしていると、理想の自分に近づくことができたり、ネガティブな感情や他人の負のパワーが増えると、オーラがきれいな円ではなく一部欠けたり、縁がギザギザになったりします。中には自分でオーラを見ることができる人もいますが、今はオーラカメラショップで写真を撮ってもらうと色や形がはっきりわかります。

60年くらい前に、アメリカのカークライン博士が人間の発する電気波と磁気波を手のひらを通じて色の写真となって出てくるオーラカメラを発明しました。当時は、かなり話題となってその後20年くらいで、人間の発する色彩によって、その人の性格などを分析する技術が確立されました。

カークライン博士没後、オーラカメラは急激に普及し、いまや携帯電話の無料アプリにも入っている時代になりました。スマホのものは無料ですが、精度はかなり疑わしいものになってしまいました。

オーラカメラに限ったことではなく、機械や人工知能はまだジャンルによって進歩の善し悪しがあります。言霊をはじめ色霊などに宿っている魂を感受し理解するには、人間のもつ直感がとらえる感性や情緒性が発達している人のほうが、はっきり見えることもあります。

幸い日本人は豊かな自然環境に恵まれ、このような環境の中で、柔らかな新緑、白く輝く月光、多色に広がる花や動物たち、秋のすすきや舞い散る落ち葉など様々なものに反応し、その情緒を様々に感じ取る感性が育まれてきたのです。

●平和で幸せな社会も色霊の心がけから

私は大学時代、美学美術史が専攻だったことから色彩学についての論文を書いたことがあります。理系の人と比べて文系の人は色彩に対する予知能力が高いように思います。1966年に大学入学後、1900年代を中心にした服装、インテリア、絵画、映画等々の色彩や形状と経済の比較論を研究しました。

1950年ごろ、特にアメリカでは、あらゆるものが明色系となりました。住居は白い壁にピンク大理石、ホワイトウォシュ（白い薄いピンクがかった木目模様）の色調が普通である進駐軍の家を、華道の家元をしていた母とともに訪れたとき、その家の中に差し込む太陽の明るさ、それに反射する白い家具やソファーに、子供心にあこがれを持ったものです。

あるとき、日本で白い壁にしようとしたとき、大工さんから、そんな家は住みにくくて疲れる、少し茶色を混ぜてベージュにすべきだなどといわれ、白くすることに大変な思いをしました。アメリカ黄金時代の前兆であったような気がします。

バブル頂点のころ、白壁、ピンク大理石模様のフロアシート、ホワイトウッシュの柱、白い椅子が日本の日常になったことは、若い人にはなじみが深いかもしれません。

リーマンショック前から、アメリカから白が消え、重厚な黒い4本柱の天蓋つきベッドが家具ショップ入り口に並んでいるのを見て、アメリカ黄金時代は終わるのかと少し不安になりましたが、リーマンショック後の家具の色を見て、心の感性で作品を作り上げるデザイナーや芸術家は未来が見えるのだと確信しました。やはり潜在意識は、見えない未来をキャッチする予知能力を持っているのだと!!

服飾においても、景気の良くなる2年くらい前から明るいミニスカートや背中が開いた服など露出度が高くなるものが流行ります。また、やさしい、かわいい、丸いなどのデザインが流行ったリーマンショック後には、アメリカ経済は復活しました。

色に魂があり、心が色に引っ張られるとしたら、逆に言うと、平和、調和、幸せな社会は、小さな形や色の世界で、色霊の心がけをもって、かわいく晴れやかな作品をめざしていくことから実現していくような気がします。

第3章　宇宙の本質はヒトツカタ

（1）天災は見えない宇宙心のあらわれ

●災害を受けやすい日本の国土

近年、年ごとに火山噴火をはじめ地震、台風、集中豪雨、異常乾燥、山火事など大規模な天災が増えていると感じさせられます。なにか地球全体に大きな変革が起きているかのようです。

北海道一つとってみても、異常気象ぶりがよくわかります。北海道は梅雨もなく、夏は涼しく過ごせる避暑地でした。全国的には梅雨前線は6月ごろやってきますが、7、8年前からどんどん北上するようになり、ついに北海道までやってきて「蝦夷梅雨（えぞつゆ）」という言葉まで出来てしまいました。

2017年、北海道に上陸した台風は、西日本を通って日本海で温帯低気圧に変わってから発達し、再び台風並みの大きさになって北海道を縦断しました。登別市では1日の降水量が300ミリ近くに達する大雨となり、洪水によってJRの運休、国道の通行止めなど長期にわたって交通手段が失われました。札幌から釧路に行く電車の復旧には半年の月日がかかりました。

そしてさらに翌2018年、北海道胆振（いぶり）東部地震が起き、最大震度7を記録、死者・住宅全壊など甚大な被害が発生したほか、土砂崩れや液状化などの二次災害も多数発生、生活がマヒしたことは記憶に新しいところです。

日本は天災が世界一多発する国といわれていますが、内閣府の防災情報でも、「我が国は、その位置、地形、地質、気象などの自然的条件から地震、台風、豪雨、火山噴火などによる災害が発生しやすい国土」と記されています。

●災害に意味があるのか、どうとらえるべきか

北海道は、火山の噴火によって突如、昭和新山があらわれるほどの地殻変動エリアですが、このように続けざまに起こる異常気象、地震、洪水などは何か意味があるのでしょうか。

なかには、傲慢になった人間に何かを知らせるサインだとか、そのサインを受信できる人々に目に見える形で働きかけているのだなどという人たちもいます。2011年、東日本大震災が起こったとき、当時の石原慎太郎東京都知事は「津波をうまく利用して我々日本人は我欲を一回洗い落とす必要がある。これは天罰だと思う」と述べ、物議をかもしたことがあります。

それが正しいかどうかは別にして、天変地異や社会の大変動に直面したときなどは、「何

が起こったのか」「なぜ起こったのか」「それは何かの警告なのか」と思いをいたしてみることも、決して無意味なことではないと考えます。

私たちは、たとえば暴飲暴食をしたり、不摂生な生活をしていると病気になってしまうことがあります。病気になっても自堕落な生活を続けると、さらに症状が重くなったり、時には命を失うことにもなりかねません。

ところが、病気を警告と受け止め、暴飲暴食などやめようと心に決めて、食生活を改善したりすると病気が良くなったりします。

すると、病気になって気づくことができた、あのままもし悪い習慣を続けていたら、もっと悪くなったかもしれない、命を失ったかもしれない。ああ、助かった、よかったとなります。警告というのは、そういうものだと思います。

「天災は忘れたころにやってくる」ということばもありますが、天災が過ぎてしまえば、起きたときの被害や恐れも薄れて、備えや警戒心を忘れてしまうことへの戒めです。つまり、「忘れたらいけない」という警告として災害は再び起こってくる、ともいえるのです。

●宇宙にも地球にも意志がある

「宇宙の心」は一部の人を除いてまだ直接見ることはできませんが、「やってはいけないこと」を、宇宙の心が見える形で私たちに示したものが天災ではないかと私は考えています。人間が間違った方向に進んでそのままであれば生き延びられなくなる、手遅れにならないようにと、私たちを守るために送られてくる警告、知らせが天災です。

つまり、宇宙にも地球にも意志があるのです。スピリチュアルな世界では、とうの昔から宇宙、地球には意志があるのは当然のこととして考えてきました。古来の思想家、哲学者、宗教家たちも、この宇宙の森羅万象が、ここまで見事に秩序整然と法則性をもって創造・維持・発展・繁栄している実相をみると、この宇宙が色々の条件の、単なる偶然の積み重ねだけで生じてきたとは到底思えない、そこには表現しがたい不思議な力がはたらいていると感じて、「宇宙には意志がある」ということばであらわしてきたのです。

カタカムナ文献によると、万物万象はすべてヒトツカタ（相似象）の生命体なのです。人間はそれが理解できなくて、自分たちだけで勝手に世界のルールを決め、自己中心的な快適さを求め、自分たちの都合のよい未来を夢見てきたのです。そしてそれこそが人間の進むべき道であり、自然を征服すること、勝つことを目標として産業革命以来、400年の歴史を刻んできました。

しかし、それは間違っていたのではないかと考える人々、宇宙の心の声を聞ける人たちが、いま増えてきています。なかには、人間も動物の一種である、地球では一番の新参者にすぎないと発言する人もいます。

イスラエルの歴史学者であるユヴァル・ノア・ハラリ氏の著わした『サピエンス全史』は世界で1200万部を突破、続く『ホモ・デウス』も600万部を突破。その中で、石器時代から21世紀までの人類の歴史を概観して、ホモ・サピエンスがどのような進化を遂げ、地球の支配者となったのか、なぜ我々はこのような世界に生きているのか?など壮大なスケールでその謎を解いています。そして結論は、ホモ・デウス（ホモサピエンスは神）

をめざして突き進む人類は、「果たして幸福になれるのか」と締めくくられているのです。

●宇宙の心と直接交信するテレパシー

話を元にもどしましょう。宇宙や地球に意志があるとしても、私たち人間はどのようにして、それを確かめることができるのでしょうか。人間は宇宙や地球と話をする手段を持っていません。なぜなら、かつて持っていた能力を忘れてしまったからです。

昔の人間は、テレパシーという会話の手段、能力を、あたりまえに持っていました。テレパシーとは言葉によらず直接、自分の意志や感情を伝えたり、相手のそれを感知したりする能力のことです。霊的交感などといわれています。

かつては、人間なら誰しもテレパシー能力を持っていたのですが、文明の発達によりテレパシーなしでも生きていける利便性を持つようになり、民族や部族ごとに別々の言語をつくり、自然を征服しようとする中で、いつしか自然の脅威と離れた生活を送れるようになりました。それがために直感力は退化し、しだいに大部分の人がテレパシー能力を失うようになってしまったのです。今やテレパシーは、特別な人しか持つことができない特殊な霊的能力といわれるまでになってしまいました。しかし、本来ならだれでもが持っているごく普通の能力だったのです。

そんな中にあって、人間の間違い、思い上がり、貪欲をなんとかして正しい方向に向けさせ、滅亡への道ではなく、幸せの道へ人間を戻そうとするのが宇宙の心、すなわち宇宙の愛・光です。

ところで世界には、約190余か国の国があります。世界の言語の数は、7097の言語にものぼるといわれています。そのような膨大な数の言語がある中で、共通の意志や意識を持ったり、確認し合うというのは不可能に近いです。

しかし、1000万人の人が使っている言語となると、いっきに減って約300言語となります。1億人の人が使う言語は12言語のみで、その中には日本語も入っています。

現代は、国境を越えたグローバル（世界的規模）の時代といわれていますが、7000余もあるものすごい数の言語が限りなく減って、最終的にいくつかの言語とテレパシー言語のようなものに統一されれば、国家間や人間同士の意思疎通もスムーズになり、誤解や相互不信、対立などが解消して近いうちに世界平和が実現する日が到来するかもしれません。

世界の言語の中でも、日本語は特にすぐれた特徴をもっています。言葉の1音1音に基底思念（意味）があり、48音の基礎音の繰り返しで、森羅万象をあらわすことができます。さらに言霊、音霊まで宿っています。

テレパシー能力が高まり、言語の障壁が解消され、お互いの認識と理解が深まり宇宙の心と一体となり、人類が一刻も早く愛と調和に向かう日が近いことを願わずにはいられません。

（2）「大型化」より「小型化」が良いときもある

●小型化の技術は日本のお家芸、日本人の誇り

歴史をみると、産業革命によって大量生産が可能になり、様々な分野で専門化、巨大化、集中化、極大化が進行するようになりました。そして世界は自由競争の時代へと突入し、競争の結果は勝者と敗者を生むことになります。

力を持った国は、地球に占める領土の割合が大きい者が勝者であるという哲学のもとに、植民地の獲得に走り、海洋権を拡大しました。「勝つことは大きいこと」「大＝善＝力」といった価値観が広がり、「大きいことはよいことだ」を合い言葉のように歴史が進展した時代が近過去まで続いていました。それは、少数の大国と多数の植民地の時代を生み出しました。

産業革命は技術革新をもたらし、資本主義経済の波は日本にも及び、明治時代に資本主義社会が成立しました。１９４１年に開戦したアメリカとの大東亜戦争（太平洋戦争）も、天然資源の少ない日本のコンプレックスが引き起こしたものです。領土拡大を目指し、「拡大こそ善」という哲学が日本の陸軍や官僚たちの心を惑わせた一瞬だったかもしれません。しかし、戦後は天然の海の要塞に守られたアメリカや、拡大を続けようとする中国やロシアの考え方に疑問を提起する時代が始まりました。英国やスペイン、フランスの植民地独

立は時代の変化を物語る現象といえるでしょう。

昭和40年代、チョコレートのテレビCMで、「大きいことはいいことだ」という言葉が使われたのを覚えている方もおられるかもしれません。日本が高度経済成長を突き進んでいた時代です。そのころはアメリカに追いつき追い越せとか、大きいものにあこがれる世相でした。

しかし、高度成長を経て安定成長期に入ってからは、必ずしもこの言葉が正しいわけではないという価値観も持たれてきました。大きいことは必ずしもいいことではない、日本には、日本伝来のよき伝統文化があるのだという自覚が芽生えてきました。日本には「何でも小型化できる」という特殊な技術がある、ということに多くの人が気づき始めたのです。

近年のトランジスター技術、携帯電話、コンピューターの小型化はもちろんのことですが、何百年もの昔からある根付け（小道具を帯から吊し、持ち歩く留め具）、印籠、矢立て（江戸時代以前の携帯用筆記用具）、刀の鍔（つば）などです。

それらは決して大きくないのに、その中には限りない時間と芸術性が凝縮され、製作するにあたって人手が掛かることにより仕事と雇用が創出される効用もあります。

料理ひとつにおいても、タケノコで亀を、人参で梅をつくり、かぼちゃ一切れに文様まで付ける繊細さ。一箱のお弁当は、まるで宝石箱さながら!? お弁当や贈答品を包む風呂敷は、食事の時のひざかけともなります。小さな美のために手間も人件費もかけるという風習は文化そのものであり、いまや世界中で大人気です。

そして、何でも小型化できる日本は、ついにロケットまで小型化してしまいました。宇宙技術の蓄積により、それまで国家主導、重厚長大企業が主人公だった宇宙産業に、民間企業が次々と参入、宇宙開発までが日本のお家芸である「小型化」の時代となっています。

もちろん日本だけでなく、それぞれ独自の文化を愛した時代はどこの国の歴史にも見られます。例えば、ロシアの貴族が誕生日に親しい人にプレゼントしたロシアンエッグ。台座の上にきらびやかに装飾されたエッグ部分があり、それが半分に割れて、中に小物を収納できるようになっています。昔から多くの人を魅了してきたロシアの伝統工芸品です。

中国には、蚕（かいこ）の繭（まゆ）の殻一つに、般若心経を書き写した精巧な工芸品もあります。中国では紀元前のころから養蚕があったといわれ、絹は貴重で最高の衣類として中国から世界一の都市ローマへと運ばれ、西からは貿易品が長安の都に届けられました。この道が今日でいうシルクロードです。

●我欲を強大化させると宇宙の心に通じなくなる

広く大きいこと、雄大な自然を感じ、無辺の宇宙を感じることは人間の立ち位置を知るうえでも大切な感性です。

しかし、欲望、我欲を強大化させていくと、かならず他のものとぶつかるという現象が起きます。ぶつかると、そこにいさかいが生まれ、対立や争いの原因となります。人類の歴史を見ると、どの国も例外なくこの道をたどっています。

1万2千年前、日本列島には縄文前期と呼ばれる時代区分を成すカタカムナ人と自称していた人々を中心にした国があり、民が指導者のために生きるのではなく、指導者は民の幸せのために生き、人々は力を合わせ共同生活をいとなみ、心豊かに平和にくらしていました。その文明は1万年以上連綿と続いていました。

あるとき、国の外から他の集団の人々が入ってきて「国譲り」を要求してきました。歴史教科書には登場しませんが、おそらく何かそのような歴史的経緯があったものと私は考えています。カタカムナの人たちは今の山陰地方の出雲に退去し、渡来してきた人たちに太平洋側を明け渡し、代わって譲り受けた人たちが新王家を打ち立てました。争いを避け、平和的に国譲りが行われ、新しい王家も民のために宇宙心に祈りを捧げ、天と地をつなぐ役割を果たし、今や世界で一番古い王室（すなわち天皇家）となり、今日に続いているのではないでしょうか。

洋の東西を問わず、２０００年以上も万世一系で国民と共に在る元首は日本の天皇だけです。国づくりの名称は異なっても、無私の心で国民の幸せを宇宙心に祈願することを自らの使命とされるお心持ちは、何ら変わることなく連綿と続いています。

天皇と国民の絆は、いついかなる時代においても、国の存立の要であり続けてきたのですが、天皇の日常を知るとあらためてその感を深くいたします。天皇のお姿を見ていると、まずもってご自分から範を示されています。

決して高壁の家屋に住まず、国民の目線でくらし、禊（みそぎ）を守り、国家国民の安寧、五穀豊穣を祈られます。常に勉学を怠らず、欲望をコントロールすることを率先し、自らも田植えをされ、稲刈りも行われる。言うはやすく、行うは難いおつとめです。それを毎日果たされる。このような我欲なき長（おさ）の姿を仰ぎ見て、国民は歴代の天皇を敬愛してきました。そして国民もまた、文武両道に励むことを日々の勤めとしてきたのです。

日本人は昔から欲をかかないことを、第一に心がけてきました。昔の格言に「起きて半畳寝て一畳　天下取っても二合半」というのがあります。人間が必要な広さは起きている時が半畳、寝ても一畳あれば足りる、たとえ天下を取っても一日に二合半以上のお米は食べきれない、の意味です。必要以上の富貴を望むべきではなく、満足することが大切。ぜいたくは慎むべきであるという教えですが、これもまさしく日本人の心のひとつです。

そのような心をもって、自らを律していくことができれば、欲望や我欲を強大化させていくことにはならず、お互いがぶつかり合うこともなく、宇宙の心とも通じていけるのではないでしょうか。

●すぐれたものを見習い、良いものを伝承

すべての物や命には、それが極限までいくと元に戻る、還元されるという法則があります。このようなサイクルのことを、カタカムナでは極限循環性（マワリテメグル）といっています。

自然の循環がまさにそれです。海の水が太陽エネルギーによって暖められ、蒸発して雲になり、雲が集まり、雨や雪となって地上に降り注ぎます。降った雨は大地をうるおし、生物に恵みをあたえ、川となり海に戻る。このサイクルを繰り返しています。

昔の人たちは、そのサイクルを上手に活用しながら自然と共生し、生きていました。木造建築も、自然のサイクルに則った建築方法です。木を伐採し、建築に使う。森林を絶やさないために植林し、間伐などの手入れをして育成する。そして成長した木を伐採し、ま

た利用するというサイクルをくるくる回していました。

今では継承育成が危ぶまれる日本の宮大工と呼ばれる大工たちはすぐれた技術、職人技を持っていて、建築に1本も釘、金具を使わないで神社仏閣や庶民の居宅などを建てていました。金具を使わなかったのは、金属が腐食して建物の寿命が短くなるのを防ぐ理由もありましたが、周期的にやってくる天災に備えて、女・子供も加わって片付ける時の危険性を最小にするという目的もあったようです。

このように、小さきことを良きこととし、還元することを忘れず、常に自然と共に生きてきた人たちがつくる文化は、戦いが起きない文化です。

長い日本歴史の中では拡大主義に走り、それを夢見て失敗した過去もありますが。譲り合い、助け合い、汗（ルビ・あせ）し合いを中心に据えて、恨みを何百年も何千年も持ち続けるのではなく、その時々を乗り切り、過去の悪しきを忘れ、未来の改善を見据えて生きてきたのが日本人でした。そのＤＮＡは今に受け継がれています。

原爆を落とした国とも仲良くし、武器を持って威嚇する代わりに砂漠を緑に変え、ゴミの山から食糧の再生技術を伝えるために少数時には一人で世界に出て行く、他国の人のために労働することを厭わない、それを喜びとするのが日本人の精神性です。もしかすると、日本人は現在の地球に必要な何かを提供する使命を帯びているのかもしれません。

勤勉な日本人の優秀性は、小さなカード1枚にあらゆる情報が組み込まれる技術もつくり出しました。小さいものが素晴らしいと思える文化は今、世界中に伝播（ルビ・でんぱ）しつつあります。

日本人は、まさにカミ（自分たちよりすぐれているものをすべてカミと呼ぶ）を見習い、

（自分たちの持っている良きものを）シモへ、シモへと、押しつけるのではなく根気よく伝承していく特性、精神性を持っているのです。これも、カタカムナの日本語の思念を1万年以上も長きにわたって使い続けてきた日本人のＤＮＡからくるものです。

良いものづくりをし、それを世界に伝承していくことは日本人に課せられた使命、それを願っているのが宇宙の心だと思われてなりません。

（3）あたりまえの妄想

●必死に生き抜いた終戦直後

日本は戦後70年の月日をかけて豊かになりました。敗戦当時、鉄の不足から庶民は鍋釜までなくなり、食料もなく、終戦直後は路上で飢え死にする子供たちがいても振り返る人もなく、戦場で手足を無くして命からがら逃げ帰って来た負傷兵は街角で物乞いして食事代を稼いでいました。

終戦2年後に生まれた私は、食事がなくてお腹をすかしたという記憶はありません。しかし、敗戦国の政府には国民すべてを救う力は残っていませんでした。円の価値は1ドル1円から360倍の1ドル360円になり、私の記憶に残っている時代でも焼け残ったデパートのまわりのすき間には、今で言う神社祭りの屋台よりもっとみすぼらしい間口60㎝

〜1・8ｍのテントが生活費を稼ぐ店舗として並んでいました。あちこちに防空壕入り口の穴に入る階段が見え、その入り口だけはテントの店はありませんでした。

昭和11年に建てられたデパートは焼け残りましたが、そのまわりに所狭しと並ぶテントで商いをする人を追い出すわけでもなく、家が焼けて住所を失った人はテントで働き、夜は地下鉄の構内を寝床にくらしていました。デパートも商いをする人々も違法であることは十分にわかっていたと思われるのですが、デパートも苦情を言うでもなく、地下鉄の職員が追い出すわけでもなく、共存共栄で暮らしている時代だったと思います。

私の生まれた記憶の残っている時代には、もう子供の死体が放置されているわけではありませんでした。しかし、テントの店や負傷兵が街角に目に付く時代は当分続きました。

負傷兵の人は日によっては5人の日もあれば、10人くらいが点々と座っている日もありました。その大きな交差点を渡ったところにあった私の家は、決して豊かとまではいきませんが、普通に家族が食べていける家庭だったと思います。進駐軍に日本華道を教えていた母は、毎日進駐軍のゲートを通っていました。学校が休みの日などは、仕事場まで私を連れて行ってくれたので、しょっちゅう通る大きな交差点の風景は今も鮮明におぼえています。

母親は負傷兵の人たちの前を通るたびに、一人ずつのところに寄って、「ご苦労様でございました」と言って10円玉をかごに入れ、何人かいる日もすべての人を回って、入れていきました。もらった人も丁寧に頭を下げて「ありがとうございます」と挨拶していたのを思い出します。

●小さなことで助け合い、支え合う日本人

母は自宅の教室でも生け花を教えていましたので、生徒さんが通ってきましたが、その当時生け花を習いに来る人は比較的裕福な家庭の子女だったと思います。私はまだ幼かったころ、中学生か高校生くらいのお姉さんたちが母に話したのをおぼえています。

「戦傷兵だといって橋の上に座っている人の中には、本物と偽物がいて、その職業が稼ぎがいいからやっている偽物もいるそうですよ」

その時の母の言葉を、今も私は鮮明におぼえています。

「事実がどうなのかは大きな問題ではありません。少なくともあの方々の中には、手足もなくなって普通の仕事に就けない人もいる。しかし、私たち家族は戦争で誰も死ななかった。誰もけがもしなかった。これはとても運が良かったということです。その運の良さを神様に与えていただいたおかげで、こうして毎日を無事に生活できています。

しかし、敗戦によってもっともっと悲惨な生活になった人、シベリアへ連れて行かれた人、砦を守って集団自殺した人、前線で弾に当たって死んだ人などお国のために犠牲になった人はいっぱいいます。

この毎日わずかなお金は大きいことに役立つことではないかもしれません。でも一人ひとりが自分のできる小さなことで助け合い、支え合うのが日本人で、その日本人の住む日本は未来に立ち上がる力があるのです。あのわずかなお金は、それをもらうあの方々個人に渡すものではありません。国難を終えて平和を迎えた日本が再び豊かに立ち上がれるように神様にささげるお金なのです」

と言いました。

それを聞いていたお姉さんたちは、「自分のお小遣いの中から、毎日少しずつ節約して貯め、今日は1週間に貯めたお小遣いを教室に来るときに、ご苦労様ですと言って入れてきました」と母親に向かって報告していました。母はその子たちに「それは、どうもありがとう」と返事をしていました。

●「あたりまえ」の反対語は「ありがたい」

すべてがまだ貧しい時代でした。国家も何もしてくれる力がありませんでした。それでも支え合って生きていました。

私たちが小学生だった昭和30年代、給食代が払えない子も、どこの学校にも普通にいました。しかし、そのころはＰＴＡもしっかりしていて誰が払えていないかわからない工夫をして、仲良く給食を食べていました。我々に配られたパン（今から考えれば、たぶん賞味期限切れの小麦粉で焼かれたパンだったかも）を食べてひもじい思いもせず育ちました。貧しい家庭の子供たちは幼い弟や妹のために、それを持って帰っていました。取り合いのけんかをしているところを見たことがありません。私は戦争を知らない団塊の世代（１９４７～１９４９年生まれ）の一員です。

木箱に残ったパンは指定の場所に置かれ、だれでも持ち帰れるようになっていました。

そんな時代でもみんな戦争が終わったことをありがたいと思い、死んでいった人々の何倍も努力して日本の再建のために、死んだ人の分まで何でもやろうという心意気がありました。

約70年後の2020年、日本国中を揺るがした新型コロナウイルス禍が起こりましたが、今の豊かな時代と終戦後の貧しくて困難な時代とを比べてみるとき、その時代の世相、価値観の違いに隔世の感をおぼえます。

70年の差といえば、ほぼ3世代の差です。これくらいの年月は、ある意味、人の心を変え切ってしまうのに十分な月日なのかと思わされてしまいます。

戦後の時代は、「豊かに、豊かに」を追い求め、経済発展の道をまっしぐらに進んできました。そして、物質の豊かさと快適さを十分なくらい達成しました。しかし、その反面、大事なものを失ってしまったような気がしています。

戦後の何十年を経過した国民は、豊かになるといつの間にか義務を忘れ、権利ばかり主張するようになってしまいました。国家に守られて当然、自分さえ良ければいいと思っている人。経済界でも政治の世界でも、利益やもうけ主義優先の企業や商売人、国益よりも党利党略、我欲の政治家……。

オイルショックの時、バブル崩壊の時、リーマンショックの時も、それまでまだ残っていた、一人ひとりが最善の努力をし、力及ばぬときは互いに助け合い、苦難を切り抜けてきた日本人の気概、やさしさといったものが見えなくなっています。

代わりに豊かさや便利さ、快適さは「あってあたりまえ」という風潮がはびこり、主流になってしまいました。「給食はあってあたりまえ」「すぐに食べられる食品が並んでいてあたりまえ」「学童保育はあってあたりまえ」「仕事もやりたいときだけやれるのがあたりまえ」「休みも多くてあたりまえ」「水道水はいつでもひねれば出てくるのがあたりまえ」

……あたりまえがオンパレードの昨今です。

あたりまえの反対語が何かごぞんじでしょうか。「ありがたい」(有り難い、めったにない奇跡の意)です。昔は、貧しい人でさえ「ありがたい」という気持ちを毎日持って朝目を覚ましていました。宇宙の秩序の中には「あたりまえ」などみじんもないのです。

何事にも感謝の気持ちを忘れない、自分のことより他者のことを考える。誰もが持っていた日本人の心。これが戦後の日本を復興させた原動力です。

この大事なことを忘れず、日本人の心に立ち返ることが、日本の再生と復興のカギになるのではないでしょうか。

(4)「ほどほど」とは何かを理解する

●1万2千年前の基底思念をもつ日本人

この項では、「ほどほど」ということについて考えてみたいと思います。

まず、「ほ」という言葉が含まれている現代語を挙げてみましょう。「ほっとする」とか、漢字では保安、保証、保全、保険、補償などたくさんあります。「と」というのは、「とどのう」とか、漢字では図、徒、途、渡、杜などがあてられます。

カタカムナ的には、ホの思念は「分ける、関わる、保つ」「環境の親和」を表象し、正反の反発、引き合いやその方向、方法などを意味します。トの思念は、「十（数字の十）」「重合統合して発生する」を表象し、「正反の二つのものが互いに親しく、調和している（ホ）状態が、重合統合されて発生（ト）する」という意味です。

今我々が使っている日本語の「ホ」には「ほんのりと、ほのかに」とか、「ト」には、「止まる、とどまる」などの意味合いがあると思われます。

日本語の特徴は、なんといっても擬音語・擬態語といわれる言葉が非常に多いということです。しかし、これは外国人にはその意味や違いがわかりにくく、やっかいな言葉といわれています。

擬音語（ぎおんご）とは、水滴が「ポタポタ」落ちるとか、ドアを「バタン」と閉めるというように、物音を真似ていることばです。「てきぱき」と仕事を片付ける、「つるつる」とした感触などといったように、物事の状態を表すことばを擬態語(ぎたいご)といいます。たとえば、「雨が激しく降っている」と話したとします。これを「雨がザーザー降っている」と言い換えると、雨の降る音や様子がより具体的に伝わります。この「ザーザー」というのが擬音語です。同じ「歩く」でも、擬態語を使えばテクテク歩く、スタスタ歩く、トボトボ歩く、というように状況を細かく表現できます。

特徴的なのは、それら擬音語・擬態語は、2音で表現する、または2度繰り返すという「繰り返し言葉」が多いということです。

こうした擬態語・擬音語は、数え切れないくらい多種多様にあるのにもかかわらず、なんと驚くことに、日本人はそれらの言葉の微妙な違いを認識できているのです！

これらを日常的に使って状況を的確に伝えたり、あらわしにくい微妙な気持ちを表現したり、コミュニケーションをスムーズに運んだりすることができます。次のような具合です。

〝ほどほど〟のところで終わりにしましょう。
〝ぼつぼつ〟始めましょう。
〝そろそろ〟ひと休みしませんか。
〝まだまだ〟大丈夫です。
〝まあまあ〟よくできました。
仕事の疲れで〝ぐうぐう〟寝ている。
あの子はいつも〝にこにこ〟している。
休みは家で〝のんびり〟している。

こうした使い方が難なくできるのは、日本人が1万2千年前から言葉の思念（基本的な意味）をDNAとして連綿と受け継いでいるからです。日本語の出来上がった1万2千年前の思念の強さに驚かされるばかりです。

●「ほどほど」が人生うまくいく最大の秘訣

日本人がもっている感性（基底思念）の中で、人生を豊かに楽しくさせてくれる思念を紹介したいと思います。それは「ほどほど（ほどほどに）」という言葉です。この言葉も、

第2章で紹介した言霊（ことだま）を持っています。

人生はなかなか思い通りにいかないものですが、「ほどほど」のバランスを心得ることができれば、人生は楽しく、豊かにラクに生きることができるのです。そのことを知っていただきたいと思います。

私たちが健康を保つためには、栄養を十分に考えることが必要で、これが欠けたら、栄養不足になります。逆に栄養が過ぎると、栄養過多になって健康を損ねます。暑いときは服を脱ぎ、寒いときは重ねますが、寒いからといって厚着に過ぎれば汗もかき、苦しくなったりします。

要は、適度にすること、度を越さない。どちらか一方にかたよらず、おだやかで、道理に合っていること。これが「ほどほど」という意味です。多すぎもせず、少なすぎもせず、均衡が保たれ、バランスが取れているということです。それがもっとも自然の理に適った、適度で健全なあり方です。

科学が進むのは望ましいことですが、利便性ばかりを追求していくと弊害や障害が現われたりします。謙虚さをもち、まわりとの調和をはかりながら適度な速度で技術開発などをすすめていく。そのために一度立ち止まって冷静に考える、慎重さも必要です。それが、暴走を食い止めます。

人生や生き方も同じではないでしょうか。何でも「ほどほど」にしておけば、欲張らなくなる、欲張らなければ、衝突も減り、バランスも壊れなくなります。「ほどほど」を物足りないと思うこともあるかもしれません。しかし、「ほどほど」を実践していくと、心が楽に軽くなっていくので、その心配もいつしかなくなっていくと思います。

●大切にしなければいけない10の事柄

「ほどほど」を心がければ、何事もうまくいくようになりますが、それに立ちはだかるのが欲望です。

人間は欲望を持っています。そして、その欲望の持ち方によって幸せになったり、幸せを感じなかったり、持ち方を間違えると不運に見舞われたり、災害に遭ったりしてしまいます。

「一生、不運が無い」という人もいませんが、「一生、不運につきまとわれる」という人も、実はいないのです。

不運のほとんど無い人は、不運の避け方を知っているので、大難は小難に、小難は無難になり、気にすることもなく、人が災難と思うことをスイスイと乗り越えていっているのです。

では、いったい、何を「ほどほど」にすればよいのでしょうか。

人間には、本来大切にしなければいけないことが10ほどあるといわれており、その10の項目とは自分（感謝する自己）を中心に、次のようなものです。

1、健康（命を含む）
2、人（友人、知人、家族）
3、楽しみ
4、時間（有限）

5、愛
6、向上心
7、仕事
8、宗教（宗派を定めない）
9、お金
10、信念

人生に大切なことは一つではありません。多少のでこぼこがあっても、大切なことの中心に自分が安定していれば人は安らぎを感じます。

しかし、人間が持って生まれてきた欲望は、なかなか10の大切なことの中央に立たせてくれません。どれかの方向に近づきすぎて他の何かを失うことは、とてもよく起こることなのです。

どれか一つのことに偏って他のものをおろそかにするのではなく、これら10の項目を忘れずに心がけ、バランスを保ちながら一つひとつの項目を大事にし、日々努力していれば、幸せはしぜんにやってくるようになります。

目の前の欲望だけを追いかけすぎて他を失ってしまえば、たとえ、追いかけたものが得られたとしても、人は幸せを感じることはできません。めざすべきものを偏らせすぎず、ほどほどの距離感で気配りすることがとても大切です。

●やってはいけない5つの事柄

そして、10の項目のほかに、もう一つ忘れてはいけないことがあります。それは、どんなときでも、「やってはいけないこと」があるということです。これだけは、心の底に沈めてしっかりと覚えましょう。「やってはいけないこと」とは、①うらみ、②悪口、③不平不満、④憎しみ、⑤権力への執着の5つです。

①うらみ

恨みは、他からの仕打ちなどに対する怒りや憤りの気持ちです。忘れることは難しいですが、この負のエネルギーを手放さない限り、自分が傷つけられ、苦しみます。今できることにエネルギーを集中するなどして恨みを持たないようにしましょう。

②悪口

悪口を誰かにぶつけてもけっして心は晴れません。悪口は言った後は嫌な気持ちになります。悪口を言っていると、自分が幸せになれません。悪口を言いふらす人はだれからも信用されません。

③不平不満

「もっともっと」と追い求めたら切りがありません。「まだ足りない」といつも不満を口にしていたら幸せになれません。それよりも「今日も生きられて満足」「今日も三度の食事が出来てありがたい」のほうが幸せになれます。今の境遇に満足することのほうが大切です。

④憎しみ

憎しみも恨みと同じで、そのマイナスな感情を手放すしかありません。「生きていられるだけで、なんて幸せなことか」と心底思えたら、あなたは間違いなく幸せになれます。人生におけるもっと大事なことを見いだしましょう。

⑤権力への執着

何事もそうですが、執着している状態のままだと、過去に縛られたまま前に進めません。特に権力に執着すると、権力を求めることがすべてになり、それ以外の大事なことが目に入らなくなり、自分を失います。権力は腐敗する、という言葉がありますが、権力にこだわる人自身も崩壊させられていきます。

●満足を知り、幸せな気分でいることが宇宙の心

人は、「類は友を呼ぶ」運勢を持って生まれついています。だから、ツキある人はツキある者同士で集まり、不運な人は不運な人同士で集まります。このようにして、より良く向上するグループと、より深みにはまっていくグループに分かれていきます。

日本は、いま世界で一番幸せに近い国だと思います。努力さえ忘れなければ、幸せをつかむチャンスが与えられているのですから。

不平不満を言わないで、「今日も生きられて満足」と思えば幸せになれると言いましたが、これを鏡の法則とか、「思考は現実化する」法則といいます。心の内面は現実化する、宇宙の法則がそのようになっているのです。

「幸せだなあ」と思っていたら、幸せな出来事がたくさんやってきて、本当に幸せになってしまうのです。

幸せになりたいなら、恨みや悪口、不平不満、憎しみなど持たないで、ぜひ満足を知って、いつも幸せな気分でいてください。そうすると、幸せな出来事が引き寄せられて、やってくるようになります。それが宇宙の心なのですから。

(5) 頭と心の違いを理解する

●科学技術の発展は人間脳（サヌキ）によるもの

今の科学では、頭（脳）と心の役割分担がはっきり説明できる状態にはありません。むしろ、人間が発達してきたのは頭脳のおかげ、世の中の生活を快適にしているのは頭脳がやってくれていると考えているのだと思います。

たしかに人間は頭脳を持ったおかげで、特に科学技術の分野では、産業革命以来、今日まで140年ぐらいの間に、様々な発明発見がなされました。そのおかげで、電気が照らされて闇夜がなくなり、24時間コンビニで買い物が出来、エアコンは先進国ではほとんどの家に設置されています。百数十年前のお殿様、大名でさえ手に入れられなかった快適さ、便利さを、今の庶民が手に入れられる時代になってきました。

その進歩を支えてきたのは、もちろん頭（カタカムナ語＝サヌキ）であって、心（カタカムナ語＝アワ）ではないのです。

その二つは、全く別のものだとカタカムナウタヒ（カタカムナ文献、80首）にはっきりと説明されているのです。

●宇宙の心はすべての生命を良い方向にみちびく

まず頭（脳、サヌキ）とは、現象で目には見える粒子の集まりで、その粒子（現象粒子）は各人によって個数に差があり、現代で言う遺伝子のようなものです。

その頭は、知的興味を持ち、探究心、好奇心があり、一般に人間脳といわれます。人間脳は地球上では、人間にしか与えられておらず、他の生物はこの脳を持っていません。

人間脳は、男性的、情熱的、活動的で、時に暴力的にもなり、競争的でもあります。

生命は、それが誕生した瞬間から、五感（五官）により外界のものを感覚的にとらえ、興味が自然に起こります。地上に生命として生まれてからは、地上にいる間、とどまることなく働くものです。この脳を持つ、全宇宙に存在する生命体は「知的生命体」と呼ばれ、宇宙にはより高度な知的生命体がいると考える人たちもいます。

このサヌキ脳は、自分の意志で動かすことができます。

一方、心（脳、アワ）とは、生きとし生けるもの全てが持っている生物脳です。カタカムナでは完全調和の始元量であり、現象物の姿を見せつつ、その内には「ミ」という潜象の生命の実体を含め持っています。

現象物が生きている間は、その核のような存在であり、先祖脳とか全知脳、先天脳とも呼ばれます。

生物脳は全宇宙の心（愛と呼ばれる）と相似の心を持ち、宿っている生命を良い方向、明るい方向に導くチカラを秘めています。自律神経を動かしているのが、このチカラであり、現象物個々の中に潜象として存在し、現象物が長く、幸せに楽しく生きていけるように支え続けてくれます。

サヌキ脳は、人間の頭蓋骨の中にあると考えられていますが、アワ脳は脳の松果体にあるという説や、一つひとつの細胞の中に潜在しているとする説、心臓または血液の中にあるという説などがあります。その存在自体を否定する説もあります。

アワは五感にはまったく反応せず、第6感によってのみ感知できます。第6感は、別名直感とも呼ばれ、そのほか宇宙創造神、宇宙コントロールセンターなどと呼ばれたりすることもあります。宇宙全体と直結しており、人間の意志ではまったく動かすことができません。そして、それは生命に良い方向以外には絶対に働かないものです。

●サヌキ性とアワ性のバランスが大切

人間の生き方の理想は、なんだと思われますか。それはサヌキとアワがバランスよく働くことです。

サヌキ性＝男性性（人間脳）、アワ性＝女性性（生物脳）と言いかえてみると、わかりやすいかもしれません。

繰り返しになりますが、サヌキ性（男性性）は、何かをしたいという意欲を持ち、目的を持って突き進む性格を持ちます。ある意味、一方的で目的的、独善的、攻撃的、動物性、客観的、外交的、自己中心的であり、相手に対し、反発的に自己を主張し、相手を否定してまで自分を通そうとする傾向があります。

一方、アワ性（女性性）は、前後を見ずに飛び出そうとするサヌキに対しそれがうまく行くように前に回り、後ろに回り、右に左にココロを配って、その安全を守ろうとします。相手が突き進んで来れば、身を避けて通してやり、相手が同じココロならそれを受け入れ、合わない時は合うように仕向け、相手を立てて、相手に順応しようとします。受容的で、依存的、柔軟的、親和的、植物的、客観的、環境適応性といった傾向性をもっています。

どちらが良い、どちらが悪いではなく、異質なものが重合し、それぞれがお互いに助け合い、補い合って、宇宙の心に近づきます。それを土台によりよい家族関係、人間関係、社会関係をつくっていく先に幸せがあるのだと思います。

それぞれが正反の性質を持ち、バランス関係にあるので、片方のちからが伸びすぎると、もう一方のちからが弱くなるという比率と相関関係になってきます。

バランスは、自分の中でも、自分と回りとの間でもとるのが理想的です。

会社でバリバリ働いたら、家では家族を中心になごやかな家庭を持つのもいいでしょう。この場合では、会社ではサヌキを発揮して、家ではアワが優位になった例です。

逆に、家で亭主関白であれば、会社に行ったら、部下たちの面倒をよく見て、上司には忠実に仕えるといった仕事ぶりの人もいます。この場合は、家ではサヌキが優位になり、会社ではアワが優位になっています。

自分の状況やまわりの状況に応じて、アワとサヌキの状態が変わっていくのが、天然自然のあり方のように感じられます。

●体を動かすとアワ（生物脳）が活性化

最近の数百年は世界はずっと男性性の世界でした。サヌキ性、人間脳中心でした。競争、比較、成果中心で、外側に新しいものを作り上げていくことが主流となっていました。

よく21世紀は女性の時代だともいわれます。女性優位という意味ではなく、女性性の特質がより重要になってくる、サヌキ性に偏った経済社会のあり方から、アワ型の社会秩序、アワ型の世界が求められていくという意味だと考えています。

現在はサヌキ脳の働きが勝ちすぎて、人間社会、世界全体がバランスを崩し、地球まで悲鳴をあげるような状況まで追い詰められています。

この解決策の唯一の方法は、アワ脳を鍛え、逆序の教えを学び、一人ひとりのアワ量を活性化させることだと思います。

体を動かすのは、体操、運動、競技だけでなく、楽器を弾く、踊りをおどる、歌をうたう、字を書く、絵を描くなど何でもよく、五体が動いていることが大切です。

古代のカタカムナ人たちも、人間脳（サヌキ脳）偏重になることを避けながら、直感力を鍛えて、自然環境の厳しい時代を乗り切っていったと思われます。

アワ（人間脳）を活性化し、本来の生命力、免疫力が高まり、サヌキ・アワのチカラのバランスが整ってくると病の種類も少なくなり、全人類が幸せに向かって歩むことができるようになります。

みんなで小さなことから実践していきましょう。

第4章　時を味方につける

(1) 宇宙の心に近づき、幸せに向かう

●宇宙には「過去から未来」「未来から過去」の現象もある

カタカムナ文明では、トキ・トコロは一体のものであって不可分であるという考え方が根底にあります。現代の我々が理解している時間・空間とは全く別の思念であることに注意を払わなければいけません。

しかし、このカタカムナ文明の考え方は、現代の私たちにとって、とても有益で有意義なものです。

というのは、現代人は「時間は過去から今を経て、未来へ進む。一方向に一定スピードで進行し、自分は過去にも未来にも進むことはできない。一直線の方向の中で、とどまることを知らず動き続けている」と考えます。

一方、カタカムナ人は、「トキは過去から未来へ（重合粒子化）も、未来から過去へ（重合粒子化の逆方向＝粒子の崩壊・消滅）も進め、トコロは現象のこの場の同じ場所に逆渦の潜象物も同時存在している」と考えるからです。

この違いは、とても大きいのです。過去を動かしがたいものと考える現代人が、過去にとらわれたりすると、前に進めなくなって、せっかくの幸運を往々にして見逃してしまうこともありえます。

そうならないためには、過去にとらわれないだけでなく、過去の歴史や世界に学び、過去の良いものを残し、過去の悪しきものを捨て去り、より良い未来を構築するという姿勢を持つほうがよいことは言うまでもありません。

この章では、アメノミナカヌシ、カミ、グレート・サムシングなど様々な名前で呼ばれる宇宙の意志（宗教の神ではない）、こころざしに近づいていくために、この「トキ」とどのようにつきあって人間は幸せに向かえばいいのか、を考えていきたいと思います。

●人類にもたらされる宇宙からの贈り物

「トキ」とどのようにつきあうかを考えていくと、次のように地球が幸せに向かい、個人もハッピーになるという様々なことが起きてくるのです。

・まったく新しい芸術や音楽が生まれる。
・流行を先読みできる。
・今から流行る産業、業種が見つかる。
・インスピレーションが湧く（時代が要請するものを思いつく）。
・想像もできないほど新しく必要なものが生まれる（アラカミチ＝新しいミチがみつかる）。

もちろん、こうしたことは欲望を暴走させず、自分の心と宇宙の心（愛）が合体した時に生まれるものです!!

これこそが、これから千年万年もの恒久の時を地球の上に人類が住まわせてもらえる道であり、行き詰まった資本主義に変わる新しい社会システムが宇宙からもたらされる人類への大きなプレゼントだと思います。

（2）待つのも仕事のうち

●結果が出るには時間がかかる

仕事というもの（子供にとっては勉強）は、努力すればするほど成果が出るものだという考え方を持つ人は結構多いのではないかと思います。これはトキ・トコロは別々のものであるという考え方を基本にし、この考え方が長期にわたって続けられたために、この考え方に脳が慣れきっているという現状があるからだと思われます。

カタカムナでは、すべてのことは宇宙の摂理の中で動いており、例外はひとつもないというヒトツカタ（相似象）の考え方です。そのような目で、まわりの万物万象を眺めてみると、物事に結果を出せる人というのは、待つことの上手な人なのだと思います。

なぜなら、それが宇宙の摂理だからです。宇宙の摂理とは、次のようなものです。

物事・現象の始まり（創造の開始）
↓
重合・統合・独立（トキ＝時間的経過）
↓
飽和・還元（時間的経過の最終段階）
↓
万物万象の出現（創造の完成、現象の顕現＝結果・成果）

創造が始まると、幾万幾兆回もの重合・統合を繰り返して、創造が完成されて結果が現われるというのが自然界の現象です。トキの経過をたどらなければ結果・成果にはたどりつきません。「結果が出る＝時間がかかる」は宇宙万物万象の真のすがたです。

では、いつ、どこで、どれだけ、どのように待つ必要があるのでしょうか。天然自然の例を見てみましょう。

穀類・野菜・果物など農作物をつくる場合、まず畑を耕し、良い土をつくり、種をまきます。そして、この後に必ず待つ時間がくるのです。種は植物によって芽が出る時間は違いますが、水と土から栄養をもらい、種の殻を破って土中で新芽を出し、やがて土の重みも破って新芽が外へ出てきます。

その間は、待つのが仕事なのです。お百姓さんは自然の体感によって、その年の天気や畑の状態などをみて、待つべき時間がわかります。

ここで、子供と一緒に（稲の）種植えをしたと想定してみましょう。子供は好奇心旺盛なので、自分がまいた種が育っていく様子を知りたくて仕方がありません。翌朝起きたら、植えた種の横に穴を掘って、どんなふうに育っているか様子を見たいという衝動にかられます。「お母さん、種のままだよ」と不思議そうに困った顔で言います。

数日間、我慢に我慢を重ねましたが、待ちきれずついに穴を掘ってしまいました。すると、双葉はちょうど種の皮を破ったところで、青い葉っぱは曲がった状態で新芽を出して種に巻き付いています。

こんな無茶なことをすると、その芽は生きて成長することができないのは当たり前の事実です。種を植えたら若葉が土の上に顔を出し、株分けして田植えに使えるようになるまで待たなければならないのです。

一方、十分に待った若葉はしっかりと植え付けをされて、梅雨の雨と夏の暑さを通り越しながら、稲は天然自然の水や土からいただいた生命力でみずからすくすくと育っていくのです。

カタカムナの教えによると、実のなる穂になる植物たちは、時に根を痛めつけることを行います。そうすることで、自然の厳しさに耐える順応力が増し、生命力を最大限まで発現して実りの多い、味の良い、すぐれた穂に成長するようです。

この待つ時間とタイミングを直感的に理解できるのが匠の技ということになります。

反対に、はやる気持ちが先に立って、待つことができず、稲の生命を絶ってしまうことがあるのが、人間の愚かさであり、至らなさなのかもしれません。

●待つときには待ち、進むときには進む

待つことの重要性は、生活のあらゆる場面で言えることです。待ち方が上手な人がプロであり、言いかえると相手（稲の例のように）をよく観察できる人であり、相手が必要な時に必要なものをそっと揃えてあげられる人のことだと思います。

一生懸命働く人は数多くいますが、待つことが一流である人は少ないのです。

接客業で開店直後、一番最初に来てくださるお客様をお迎えするまでが、「待ち時間」です。すぐに来店してくださる時もあれば、1時間待たなければならない時もあります。

良い成果を出す店（流行っている店）は、この待ち時間の気合いがまったく違います。まるで舞台の上の俳優のように、お客様がいつどこから入ってきても、その方のために「お待ちしていました」という、ピリッとした空気があり、「いらっしゃいませ」の言葉とお辞儀が、どの瞬間にも相手の心に沿うように、いつでも同じ雰囲気でおこなわれるのです。

厨房の中でも、一品目に出すものがまずくならないように、追加のオーダー料理の出しが煮詰まって、カツオのにおいが強くなりすぎたりしないように、一人のお客様がいなくても折々チェックして最高の味でおもてなしすることができるように気配りされています。

これとは反対に、開店したお店に一人目のお客様が来るまで、店の隅に従業員が集まってダラダラと私語をしている店もあります。

待ち時間をお客様のための時間ではなく、働く自分たちが遊べる時間、自由時間だと思っている店は、ほとんどが流行ることは難しく、短期閉店になることもしょっちゅうです。

お店の流行りすたり、お客様からの評判の善し悪しは、ひとえに「待ち時間」のあり方にかかっているといっても過言ではありません。

宇宙の心のヒトツカタを見習う心があれば、どんな産業でも繁栄し、生き残ることができます。それぞれの場所に、その時代に応じて必要になったものがあらわれてくるアラカミチ（新しく必要なものが創造される）が生まれてくるのです。

アワ（生物脳）の心とサヌキ（人間脳）の心のバランスが整って、アラカミチが生まれ出るとき、地球に住む生きとし生けるものは幸せになることができます。サヌキばかりの暴走を止め、アワの心、直感の心を育てることが現代人に課せられた急務です。

宇宙の心を思うときは、相手の心を思いやるので、人間は人を殺し自然を破壊するような爆弾、兵器などをつくる気にはなれないものです。アワの心が弱っている、あるいは退化しているから利のためだけに動いたりするのです。

待つときには待つ、進むときには進む。待つことも進むことも天然自然の掟を学び、その中に従うこと、それが人類が生存を続け、幸せに暮らし続けていける唯一の道だと私は思います。

（3）「順張り・逆張り」を超える「銀河型」

●順張り・逆張りのカタカムナ的意味

現代資本主義にも様々な問題があります。

最近は、特に金融資本主義がバブルを生み出したり、貧富の差が拡大するということで、新しい資本主義（仮称として、そう呼ぶ人もいます）を目指そうという考え方が出てきています。

近未来に訪れるであろう新しい資本主義時代において、どんな考え方や人生の生き方が良いのかを、この項では考えてみたいと思います。

さて、いきなりお金の運用の話になりますが、株式投資における「順張り」とか「逆張り」という言葉を聞いたことはありますか。

順張りとは、トレンド（株価の方向性）の流れに沿って株を買う方法です。つまり、相場価格が上昇している時には素直に買い、下がってきたら売ります。順張りは皆が同じ事をするので、利益を上げても少額でリスクも伴います。

逆張りとは、その反対で、トレンドの流れに逆らって株を買う方法で、相場価格が高くなった時は売り逃げし、事件などで暴落した時に買います。大きな利益が望め、損失も少なく今の資本主義では勝つための王道です。

この順張り、逆張りをカタカムナの立場から見たら、どちらがいいのでしょうか。思念の意味からひもといてみましょう。
順張りは、次のようになります。

ジ　示す
ユ　わき出す
ン　念を押す
バ　正反に引き合い
リ　分かれる

逆張りは、次のようになります。

ギ　粒子が
ヤ　飽和・還元を
ク　自由に選んで
バ　正反に引き合い
リ　分かれる

順張り（ジュンバリ）は、「湧き出してくるものが正反に引き合い、どこかで分かれて分離するものと念を押して示す」という意味になります。

逆張り（ギャクバリ）は、「生存する粒子（物体）は、進行していく方向で飽和または還元を自由に選んで正反に引き合い、分離する（分かれる）」という意味です。

「ジュンバリ」は、自然に生まれ出てくる資源をみんなであるものだけを取り合いすると念押しして示すということで、どちらかというと生産・創造するという考えが薄い感じがします。

「ギャクバリ」は、もともとある資源を崩壊（還元）に向かわせるか、循環（飽和）に向かわせるかについて、人間に自由選択権はあるが、どちらにせよ正反に分かれて分離を止めるか、繰り返すと読めます。

どちらもその中には価値を創造する考え方、生み育てる考えが抜けているので、宇宙の心の動きとは、しっくりこない感じです。

●銀河の姿が新しい資本主義の目標

カタカムナの思念からみても、「ジュンバリ」「ギャクバリ」はどちらも新しい資本主義時代におけるような理想的な形態ではない気がします。

では、新しい時代にふさわしい、すべての人が幸せになれる道というものは、どんなものでしょうか、それを言葉であらわしたら何という文字になるだろうかと考えました。

考えてみると、「ジュンバリ」「ギャクバリ」は株の売り買いをして利益を上げるもので、実態物流生きていくための物がお金だけにかかわっています。

もともと負ける人がいるから勝つ人がいるという世界です。ＷＩＮ－ＬＯＳＥ（ウィンルーズ）＝自分が勝って相手が負ける、あるいはＬＯＳＥ－ＷＩＮ（ルーズウィン）＝自分が負けて相手が勝つ、ということです。全体から考えたらＷＩＮ‐ＷＩＮ（ウィンウィン）＝自分も勝ち、相手も勝つ、ということにはなっていません。

そんなことを思いつつ、何か月かを過ごしている時、ある日突然、銀河の姿が目に浮かんできました。そして、

「銀河の姿こそ、新しい時代のモデルを示しているのではないか！」

という思いがこみ上げてきたのです。

カタカムナでは、極大の宇宙から極微の超微粒子の世界まで、すべては「ヒトツカタ」（相似象、一つのパターン）だと言っています。

そのパターンを象徴するのが、銀河の姿です。銀河には楕円銀河や渦巻き銀河など色々なタイプがありますが、共通する形状は「渦を巻いた構造」になっていることです。

銀河（ギンガ）の思念は、次のとおりです。

ギ　　多くの粒子（ギ＝キ。濁音は強調形）

ン　　大元として念を押す

ガ　　ガ＝カ。宇宙・生命根は力（チカラ）であり、「カ」である。

「多くの粒子(星)が集合体として宇宙に広がっている。我々には見ることはできないが、絶対的な法則によって存在し、生命根の力（生命の大元）として、宇宙の心と同じ波動に合わせ、それぞれが自立して生きているということを、念を押して説明する」というような意味です。

●新しい時代にふさわしい働き方、生き方を

私たちの生きている有限宇宙（アマ）の裏側には、潜象世界（カム）が無限に存在しています。この宇宙空間にはアマ始元量が充満しており、このアマとカムが対向（ムカヒ）しながら、同時にカムとアマ、アマとカムが重なって、右巻き・左巻きと、エネルギーが渦を巻くがごとく循環し、この対向と循環によって現象界の生命と万物万象の存在が現われるのです。その姿を端的に表わしたものが、渦巻き状の銀河の姿です。

宇宙の全体には一貫して宇宙の心がはたらいています。そのカカワリがあるから生命体を持つ現象世界の生成、維持、繁栄発展、潜象世界の無限に近い現象を支える力があるのです。

もし、私たち一人ひとりの人間が、自分の内なる直感によって自らの「ミ」が、自らのすべきことを見つけ出し、宇宙の心から分けあたえられた生命根を、自らの体の外に光るほどに輝かせることができたら、その体の外に光る光は、他の外に出た光と触れ合い、結び、力が発生し、より強くなります。

また光を失いかけている人々のところに自然に引き寄せられ、あふれる光を他の人に分かち合えることさえできるのです。そのあふれ出る光は湧き出してくる光なので、自らの光が足りなくなってしまうこともありません。

ある人は絵を描き、またある人は音楽を奏でる。中には生産や流通、消費にかかわる職業に就くかもしれません。学問と真理を追究したり、教育にたずさわる人もいます。きつい現場で労働を提供する人もいます。

どのような仕事につこうと、自分の生まれ持ってきた持ち場を見失うことなく、宇宙の心と波動を合わせること、これが本当の意味での天職であり、そのような人たちで構成される社会が地上のパラダイスではないでしょうか。

宇宙の心に自分の内にある宇宙の心から分け与えられた内なるカミを見つけ、そのカミのココロで経済を活発化させ、循環化させ、すべての人が楽しく生きられる社会が早く実現されることを望むばかりです。

人生は勝ち負けや競争ではありません。助け合い、協力し合うことによって、宇宙の心に近づき、生きる喜びと満足を手にする生き方が幸せへの道なのです。

今までサヌキ脳を使いすぎて犯し続けてきた失敗を清算し、壊れかけた地球を復興するための仕事は山ほどあります。アワの心を全開し、砂漠の緑化、海の浄化、地上で安価に移動できる交通網の整備、安全に食べられる自然栽培、だれでもが受けられる全世界の医療体制……。

一番大切なのは、有限な資源である空気と水の適切なコントロール技術の開発だと思います。これによって、あらゆる物質的悩みが解決します。

人工道具が日本から出土して4万年、カタカムナ文明が地上にあらわれてから約1万2千年。宇宙の心を宿した一人ひとりの自覚と行動によって、全世界の問題が少しずつ改善に向かう「マワリテメクル」時代が再びやって来ることを心から念願しています。

そして、それは宇宙の心の望む方向なので、必ず実現します。

（4）流れに乗る、流れに逆らわない

●流れに逆らうのは「労多くして功少なし」

「流れに乗る、流れに逆らわない」というのは仕事においても人生においても、とても大事な原則です。

なぜなら、流れというものが先にあり、私たちの選択肢は「乗るか、逆らうか」のどちらかなのですが、流れがきたらそれに乗るべきであり、流れに逆らうと労多くして功少なしに終わるのが宇宙の法則だからです。流れに乗る、流れに逆らわないことは幸運をつかむうえにおいて、最も大切な方法の一つなのです。

この流れが見えるのがアワであり、サヌキが勝つと流れが見えなくなります。

カタカムナの考えによると、すべての物体は回転エネルギーを持ち、自転・公転し、あらゆるところで四相をもって存在します。そして個体は、必ずカミ（上）からシモ（下）へと地球の重力で落下して（流れて）いきます。水が良い例ですね。

食べ物は、口（体のカミにある）から入り、栄養素を吸収する過程を経ながら、シモへ、シモへと移動し、肛門（体のシモにある）から排出されます。

これらは「カミからシモ」へ動く例ですが、自然の摂理は不思議なもので、どんな時にも正反というものがあります。つまり、「シモからカミ」へという流れも気づきにくいだけで、同量存在しているのです。

静脈の血液の流れが、そうです。心臓と下肢には約１ｍの高さの差があるのですが、心臓から足の先に送りだされた血液は、この約１ｍの高さを地球の重力に逆らって再び心臓まで上がっていくのです。

足（ふくらはぎ）の筋肉がポンプの役割を果たし、血液を心臓へと押し上げていくのですが、静脈には一方向だけに開く弁（逆流防止弁）がいくつも備わっていて、血液が逆流しないようになっています。植物も、下から上へ水を吸い上げながら、栄養分を取り込み、重力に逆らって育ち続けるのです。

「重力に逆らうのは、流れに逆らうことになるのでは?」と疑問に思われるかもしれませんが、この場合は、重力に逆らって「下から上へ行く」ことが「流れに乗る」ことです。

●最後には宇宙・自然の摂理に適した者が勝つ

このように宇宙・自然の摂理は、実に秩序正しく、法則に基づいて動いていることが、よくわかります。カタカムナでは、宇宙は、

1、潜象界と現象界（目に見えない潜象界と目に見える現象界の２つから出来ている）
2、正反対称性とひずみ性（正反で対になっている）
3、旋転・巡回・ら旋の回転性（回転しながら公転する）
4、対向発生（正反が向かい合って、新たなものが生まれる）
5、同種反発・異種親和（同極は反発し、異極はくっつく）
6、重合互換性（相反するものが重なり合い、元の性質は保ちつつ変化・変遷する）

7、四相性（現象界には固体、液体、コロイド体、気体などの四相性がある）
8、極限循環性（すべてのものや命は、飽和し、また元に還元される）

などの法則から出来ていると言っています。

これが自然の摂理であり、宇宙の秩序です。人間は生命体のトップにいる支配者ではありません。いちばん新参者で、宇宙の心によって住まわせてもらっている、好奇心旺盛な、いまだ成長途上にある生命体なのです。

人間が地球を支配しようと、どんなにがんばっても支配することはできません。大きな流れの、天然自然のルールの中にあるのです。ルールは、人間が誕生するはるか昔から正反のバランスの法則に守られて存在しているのです。

カミからシモへ移るもの、シモからカミへ上がるもの、天然自然をよく観察し、ルールの中で生き、愛（光）を放つことが、生きるということそのものです。

生命があるかぎり、宇宙生物と同じ光が中に存在し、それはイコール愛です。光を失った時を死と呼びます。

●流れに乗り、ちょうど良い頃合い、場所を見つけよう

このような眼で世の中を見ていくと、社会生活の中にも時代によって変化する流れがあるのですが、その中にも宇宙の心の流れがあるのです。

自分の内なる愛（光）を育てていくと、宇宙の心の流れが見えるようになります。その流れは、とどまるところを知らず、動き続けています。

動き続ける宇宙の心の流れを知ることができれば、その流れに乗ることができます。社会には農業をする人がいれば、漁師の人もあり、商業に従事する人もいます。政治家や芸術家もあり、建築屋がいれば、水道局で働く人もいます。多くの人がそれぞれの働き場所で労働に勤しみ、国家・社会の一員としての役割を担っているのです。

しかし、人間は三次元の肉体を持った生命体で、宇宙の心のように完全ではありません。不完全であるが故に間違いを犯したり、失敗を繰り返したりします。

食糧不足の時代には、食物の増産に力を注ぎますが、生産技術が向上して食べきれないほどの物が作れるようになったら、今度は食べ過ぎ（飽食）によって体を壊したりするのが人間で、ちょうど良い頃合い、場所を見つけるのはとても難しいことです。

流れに乗って（上向きの流れに乗った時は、カミへ。下向きの流れに乗った時はシモへ）、天然自然の完全な愛の心（光）の中の自分の役割をしっかりと見つめられる観察力を持ち、自らの今の人生の役割を見つけ出し、その流れの中で精一杯生きること、それがバランスの取れた幸せの道を見つけ出せる唯一の方法ではないでしょうか。

すべてのことはヒトツカタで、自転・公転をし続けて存在しています。とどまると死を迎える渦の中で我々は生きているのです。

多種多様な職業の中から道を見つけ出すのが人生ですが、まわりをよく見つめると、育った環境、家族の姿、まわりの大人たち、学校の先生、職場の同僚など色々な職業を見ながら成長していきます。身近なところ、想像もできない未知の世界など、あらゆるところに宇宙の心が現象や潜象でただよっていき中を生きて成長していく私たちは、その縁と結ばれていくのです。

誰しも、今生の中で持って生まれてきた役目を果たし、自分の人生を生きつくしていきたいものです。

(5) トキ・トコロの同時性を理解する

●トキ・トコロを理解して幸運をつかむ

現代の子供に「トキ(時)って、どういうこと?」と聞くと、ほとんどの子が「時間をあらわすものだよ」と答えると思います。

1日は24時間であり、1時間は60分、1分は60秒とみんな知っています。スポーツ競技などで計るときは、0・3秒とか、0・05秒など小数点以下の単位があることもわかっています。

次に、「トコロ(所)ついては、どう?」とたずねると、「場所のことだよ」と即座に答えます。トコロとは位置をあらわす言葉であり、もし道ばたで駅をたずねられたら「この道をまっすぐ行って、信号を曲がったら左側に大きな建物があり、そこが駅です」と説明してくれるかもしれません。ここまで説明できるのはかなり高学年の子供だと思いますが、大人も同じです。

このように現代人は、物質の測量単位としてトキ(時)とトコロ(所)を分けてとらえています。時は時計で計り、所は東西南北の位置と長さをスケールや物差しで測り、数量として理解しています。

しかし、ここまでカタカムナの物理学を学ばれてきた読者のみなさんであれば、「カタカムナでは、トキとトコロについて、どのように説明しているのだろうか」という問題意識を持たれるかもしれません。

トキとトコロについての理解は、幸運をつかむうえにおいても重要な鍵をにぎっています。この項では、トキとトコロについて説明したいと思います。

●トキは粒子の発生、トコロは粒子が凝集する場のこと

カタカムナウタヒでトキとトコロについて最初に出てくるのが、第8首です。

「ウマシタカ　カムアシカヒヒコ　トコロチマタノ　トキオカシ」（第8首）

おおまかに解釈すると、「ヒ（始元量）がフ（重合）すると、電気、磁気が生まれ、必然的にミ（回転エネルギー）があらわれる。その繰り返しが、万物発生のもとになる」という意味になります。

もう少しくわしく説明すると、ここで出てくるトコロとは、重合（ト）が繰り返されて（コ）、集まる空間（ロ）が天然自然に生じる。そこに、粒子状のかたまりが出来る（コロ）。その初めに集まる粒子状のものが始元量（ヒ）である、ということです。

つまり、大きな宇宙空間からアマとカムの重合（ト）が繰り返されれば、それらが凝集（コリ）して、かたまりとなる。そのかたまりが発生する場のことをトコロと言ったのです。

トコロとは、所、処、場所、場、位置をあらわします。

それは、モノの存在する場所のことで、存在するもの自体のこともあらわします。


次にトキですが、トキはアマとカムの重合（ト）によって発生（キ）というのが基本的な思念です。

カタカムナでいう「トキ」とは、実は、「アマとカムの重合によって、粒子状のかたまりが発生すること」です。順序的にいうと、
①まず、重合によって電気、磁気が発生し、回転することによって
②その場（トコロ）が持続する間（アイダ、マ）、すなわちトキノマが発生する
基本的には「粒子状のかたまりが発生する」、それによってトキ・トコロが与えられて生命が発生するのです。

たとえば「～をする時」という表現がありますが、「～をする場合においては」という意味であって、時計時間そのものをあらわしているのではありません。

●生命が現われるためにはトキ・トコロ両方が必要

現代科学では、時間・空間は非可逆性の現象で、別々のものとして扱い、時空を二つの「元」

としています。それゆえ、時空の本質はわからず、未知のままとなっているのが実情です。カタカムナでは、あらゆる現象はトキ・トコロを得て、カム・アマから生まれ物体となり、様々に変遷して、やがて現象はアマに還元する。すなわち万物万象を循環性、連続性、可逆進行性のものとして把握しています。

トキがなければトコロもない（現象の発生がなければ、現象の場も生まれない）、トコロはトキなしにはあらわれない（現象が生まれる場がなければ、現象の発生は生じない）、トキとトコロは決して切り離すことができない、というのがカタカムナの考え方です。

そして、時間空間の本質は「トコロチマタノ　トキオカシ」（第8首）と表明しています。「重合が繰り返されて粒子があらわれ（トコロ）、それら粒子がさらに様々に変遷していく（チマタノ）。これら発生した粒子は（トキ）、根元のチカラから生じたものである（オカシ）」という意味です。

現代科学とカタカムナの違いは、現代科学は観念の科学であり、カタカムナは感受の直感科学といえます。観念だけで理屈をつけようとすると、「いま、いま」「今中」という大切な生きる本質が理解できなくなります。

潜象の根元（オカシの「カ」）が潜象にとどまっていてはトキ・トコロは現象化せず、不動の世界のままです。潜象が現象化するために（生命が実体としてあらわれるために）トキ・トコロが生まれ出てくるのです。トキ・トコロは現象の中に存在します。そして、トキ・トコロが誕生すると同時に四相が形となってあらわれてくるのです。

●トキ・トコロがわかると生命が躍動してくる

潜象の中にあるアマ始元量が、何らかの力によって、「ヒフミヨイ」（第5首）と重合互換の自転・公転するエネルギーを持ったときに、初めて人間が見ることの出来る三次元世界（現象界）があらわれます。

この現象世界（万物万象）は、潜象エネルギーの一連の活動によって、我々が生きている現象世界が現われ出てくるものであり、宇宙の心とまったく同体のものです。宇宙の心は「ミ」となって各人の中に存在し、その存在が各々の生命の実態なのです。

それゆえ、自らだけが別のものであると考えるようなサヌキ脳が活発に働き始めると、宇宙の心が自らの心の中に住んでいることを忘れ、外に求めるようになります。外に真理を求め、外に宇宙の心を見つけ出そうとすると、真理も宇宙の心も見つけ出すことはできません。むしろ、真理や宇宙の心からどんどん遠ざかって迷路に迷い込むことになります。

「宇宙の心」と現象世界のあらゆる「生命体」をたとえると、それらは宇宙の電線によって一本につながっており、一定の電流がすべての生き物に継続して流れ、生命が何年、何十年にもわたって持続される現象は「イマイマ、イマイマ」に命の素量（サヌキ・アワのヒのミ）が刻々に生成され、生命現象が絶え間なく維持、発展、繁栄していく姿なのです。

カタカムナでは、それを「イマタチ」のサトリといいます。「生命が（根元のチカラから）分離独立して、現象界に発生する。一瞬も休むことなくその生命が繁栄、発展して持続するのが現象世界である」という意味です。

イ……生命（生命粒子）
マ……現象界
タ……分離独立
チ……発生、持続

あらゆるものが、あらゆるところで、イマタチを多種多様に繰り返しているのが我々の住む宇宙の姿であり、各々のトキ・トコロでイマタチに活動しています。

そしてそのすべてがヒトツカタであるのが、万物万象の実相です。

ヒトツカタであるということは、大元のアマ始元量から宇宙の心（アメノミナカヌシ、カミなど）も星、太陽、人間、動物、植物までもが、すべて同一（同体）であるということです。すべての存在がアマ始元量から成り、アマ始元量のエネルギーを内在しているということです。

ゆえに、目に見えるまわりの万物のヒトツカタを見つけ出し、そのカタに寄り添うように自然の摂理を目標に生きることが、すべての人間の幸せの道につながる唯一の方法ということになるのです。

しかし、人間は、社会の歪みを生み出すサヌキ性（欲望、好奇心）を持っています。このサヌキ性が地上生活を快適にしてきたのですが、これが強力になり始めると、ヒトツカタを忘れて、自分のみが一番で最高の存在であるという誤った考えを持つようになり、幸・不幸の止めどなく繰り返して、社会は破滅に向かっていきます。

今こそトキ・トコロの深い意味を見つめ、自分に内在する生命を躍動させ、自然の摂理に合わせた生き方を目指していくことが大切ではないでしょうか。

(6) アタマ思考からココロ思考へ

●アワの心を持ち続けることが宇宙の心

人間を生存させている「命の力」にも正反2つがあります。自分の考える力や意志で動かすことのできる現象の力を、カタカムナ人はサヌキと言いました。

一方、自分の意志と関係なく、潜象の状態で黙々と働く生存の力をアワと呼びました。

サヌキは、生まれる前から持っている力ではなく、生まれてから獲得する力であり、好奇心によってその力を伸ばし、欲望によって自由な方向に自由自在に動くことが許され、幸運、健康、憎しみ、恨みなどへとあらゆる方向に行こうとします。時には残虐、殺戮の道を行くこともあります。

サヌキは主に、人体の頭の部分に存在し、現象物であるがゆえに、頭のどの部分がどういう働きをしているかも医学の発達によってほぼ解明されています。

地球上の唯一の知的生命体である人間は、ここ150年あまりの間に(つまり産業革命以降)、かつて考えられなかったほどものすごいスピードでサヌキ脳(能)を発達させ、今もなお進化させ続けています。

それによってどうなったかと言いますと、サヌキ性＝正義と思い込み、そのボタンの掛けちがいによって地球を弱らせ、破壊の方向に導き、膨大な人数の犠牲の上に少数の人間の欲望を満足させる構図をつくりあげてしまいました。

サヌキの本性は、一方的、目的的、独善的であり、攻撃的、動物的、自己中心的な性質を持っています。それゆえに、その本性のままに放任すれば、滅亡にまで至ってしまうことは必至です。しかし、人類のつくり出した軌道をアワが天然自然から感じ取り、危険な方向に暴走しないように修正してくれています。それをいかに続けていけるか、それが現代社会の直面している課題です。

実は、1万2千年前にすでに、このサヌキ脳（人間脳）の危険性に気づいていた人類がいたのです。カタカムナ人です。カタカムナ人は、人間の脳には2種類の脳の働きがあり、生物本来の感受性に基づいて判断する直観脳ともいうべき「生物脳」と、知識や情報をもとに時には過激に、時には冷静に処理して判断する「人間脳」と呼ぶべき能力があることを悟っていました。

生命を安全に維持するには、古代においては、夜の暗闇にも昼の明るさにも、ひらめきや直感に頼らざるを得ず、生物脳が強かったと考えられますが、時代が進むと、思考や理性の人間脳が様々な道具や人工物をつくり出しました。ひらめきや直感に頼る必要がなくなると、それらが弱くなっていくのは必定です。

カタカムナ人は1万2千年前にすでに人間の脳の進化に気づき、その弊害を予測していました。そして、人間が脳の発達によって陥る不幸を防ぐために48音の文字をつくり、人間としてあるべき姿、人間としていかに生きれば幸せになれるかの智恵を子孫たちに伝承してきたのです。

カタカムナ人の残した智恵(学ぶものではなく、天から与えられた宇宙の心のイチ姿)は、現代の私たちにとってもおおいに学ぶべきものがあると思います。

●これからは幸せの価値観を転換する世紀へ!

サヌキ脳が発達して生じる副作用としては、次のようなものが考えられます。

・欲望の多様化
・国家権力の巨大化
・物質文明偏重(精神文明の荒廃)
・拝金主義のまん延
・貧富格差の増大
・環境破壊
・競争、ストレス社会の激化
・慢性疾患、難病の増加(神経症、性格異常者の増加)

などです。

では、最速の勢いで突っ走るサヌキ脳の暴走を止め、人類を幸せに向かわせてくれるものは何でしょうか。それはアワ脳(生物脳)しかありません。すなわち逆序(順序の教えで行きすぎたものを正しい姿に直す)の教えです。

カタカムナ文献（カタカムナウタヒ）を読むと、人間は文明の発展とともに滅亡するような存在ではなく、末永く生存繁栄を続けるべき存在であると書いてあります。

カタカムナ人は、「人間には2つの脳があり、この二つのバランスをとって生存繁栄を続けるべき存在である。もし人類が行き詰まった時には、その方向を正して生き長らえるべきであり、そのためのメッセージがカタカムナウタヒである」と言っていると私は思っています（カタカムナウタヒは哲物理学書であり、歴史書でも記録書でもありません）。

アワ脳（生物脳）は、前後も顧みずに飛び出そうとするサヌキ脳（人間脳）に対して、前にまわり、後ろにまわり、右に左に「ココロ」を配ってその安全を守ろうとする性質を持っています。

男性的、攻撃的で意欲と好奇心が強く、自己を主張し、相手を否定してまで自分を通そうとするサヌキ脳に対して、人間の中にサヌキの正反としてアワ脳（生物脳）を存在させているのが、宇宙の心です。

アワ脳は、女性的であり、命令されなくても日々心臓を動かし、食べ物の消化・吸収を助け、血液の浄化のために肺を動かし、サヌキが突っ走っている時も、逆に弱って倒れている時も、ひたすら五臓六腑の身を守り、サヌキの思いをかなえたいと全力を尽くしています。

このようなサヌキとアワを両立共存させているのが、天然自然の完全なる宇宙の姿であり、宇宙の心そのものなのです。

宇宙のココロ（心）は潜象ゆえに体のどこに存在しているのか人間はいまだに確信できないままですが、見えなくても人間の体の中に確かに存在しているのです。

カタカムナについてはこれまで非常識扱いされたり、楢崎皐月（ならさきさつき、または、ならさきこうげつ）のつくった偽物とまでいわれていましたが、サヌキ次元を脱皮しつつある現今においては、多くの人が理解し始め、超最先端物理学理論が追随するまでになってきました。

「イ」の現象身体のココロ（サヌキ）と「ミ」の潜象生命根元のココロ（アワ）は、明解な違う物理（サトリ）を意味しています。

将来は、サヌキのココロとアワのマゴコロとは次元の異なる調和可能な波動であるという物理をわきまえる時代になると思われます。

すべてのもの（万物万象）は、宇宙の一つの根元より生まれますが、共通の大元より生まれたものであるがゆえに共通の性質を持つようになります。これがヒトツカタ（相似象）と呼ばれ、森羅万象に通じる根本的法則です。

共通の性質とは万物があらゆることに四相性を持っていることです。ヒトツカタはかならず四相性を持つので、サヌキ性だけとかアワ性だけで存在することはありません。

しかし、現代では、経済、教育、日常生活全般においてサヌキ性を強めることが教育であり、社会発展や進歩の原動力になると誤って信じられているのが実情です。

この考え方が、行き詰まりのすべての原因になっています。

この行き詰まりを解決するには、サヌキ性偏重によって少なくなったアワ性（アワ量）をいかに増やすかがポイントになります。現代の地球と人類が直面する様々な課題を解決するには、宇宙の心がサヌキ性の対極として用意してくれたアワ量を増やすすべを学び、アワ量をサヌキ量と同量にし、正しい正反の量に戻すことが大切なのです。

アワ・サヌキ量にも個人差があり、サヌキ脳の強い人は、アワ量も早く大きく育てることができます。

●Oリングで「アワ型タイプ」「サヌキ型タイプ」を判定

では、アワ量を増やすための具体的な方法は何でしょうか。

その前に、自分がアワ的なタイプか、サヌキ的なタイプかを調べてみましょう。その一番簡単な方法は、Oリングでの計測です。Oリングについては、直感力を鍛える方法として第1章でも述べました。

ここでは、自分がアワ型かサヌキ型かを判定します。

まず、利き手でない方の人差し指と親指でOリングをつくります。2～3回ゆっくりと逆丹田呼吸で呼吸を整え、

①私は、アワ型の人間である。

と言いながら（思いながら）、利き手でOリングを広げるようにします。次に、

②私は、サヌキ型の人間である。

と言いながら（思いながら）、利き手でOリングを広げるようにします。

この二つをくらべて、Oリングが強くくっついて離れない方が、あなたのタイプです。（簡単に開いたら、あなたはそのタイプではありません）

さて、あなたは、どちらのタイプだったでしょうか。

①アワ型と出た場合……ますます鍛錬して、アワ量を増やしてください。

②サヌキ型と出た場合……自分の生き方が、天の摂理に従っているか、法灯明の生き方

（天然自然の正しいことを自らの心のあり方として生きること）に合っているかを考え直してください。

私たちは、日常は自分の信念に基づいて生きています。しかし、その信念が天の道から見て正しいかどうかが重要です。人間は時として、自分勝手に自分が正しいと思い込むことが多いからです。

自分のことを一つひとつ注意深く分析すると、意外に自分の思い込みに縛られていたり、主観だけで判断していることもあったりするものです。自分というものを客観的に正しく見られないで、大きな間違いを犯している場合もあります。

このOリングの判定は、あなたを客観的に見るのに役立ちます。

サヌキ型と出た場合、間違いを探して、正しい方向に変えようと心が決めたなら、瞬時にその決心を実行することができます。この余得として、宇宙との一体を実現できるようになると、身体の具合も良くなり、病から自然に遠ざかります。

●「首をクヒにする」「鎖骨を水平にする」でアワ量が増える

アワ量を増やす一つの方法が、鎖骨を正すことです。鎖骨（さこつ）は、胸骨と肩甲骨とをつなぐ左右一対の骨です。鎖骨が水平になっていくと、アワ量が増えていきます。

動物と比べて、人間の特徴はなんでしょうか。現代科学は、二足歩行によって手を自由に使えるようになったことで大脳機能が発達し、他の動物より優位になったと考えます。

カタカムナでは、人間は二足歩行することにより、鎖骨が水平になり首がクヒ（ク＝自由に、ヒ＝始元量が活動できる）になったことによって、大脳機能が最大限に発達するに至ったと考えます。つまり、人間の特徴は「首をクヒ（自由）にできること」と定義しているのです。

ク（自由に）ヒ（あらゆる物質の根元）とは、あらゆるものの根元は自由であり、それが自由であるからあらゆるものの根元となりうる、という思念をもった言葉です。首という部位がまさに自由に動いて人間が人間らしくあるからこそ、クヒに「首」という漢字が当てられたのです。自由であるべき場所には「クヒ」の音が入っています。手クビ（手首）、足クビ（足首）などです。

カタカムナの考え方によると、首をクヒ（自由）に保つことで鎖骨が水平になり、鎖骨が水平であることによって精神波動が共振するようになり、覚醒脳（目覚めている脳）と潜在脳（眠っている脳）が共に活発に働き出すとしています。

ところが、現代では鎖骨がU字形に曲がっている人が多くなっています。「首が回らない」という言葉がありますが、これは、お金のやりくりがつかない、どうにもしようがない、などという意味です。そういう場合は、首を水平にする呼吸などを訓練すると、お金の問題まで解決してしまうことも多いです。

精神的にも肉体的にも常に緊張状態が続くと、やることがうまくいかなかったり、困難や壁にぶつかったり、停滞、後退状態になったりするのは、鎖骨が自由に動けなくなっていることが多いものです。

逆に言うと、鎖骨を水平にして動きが自由になるようにしてやると、多くのことが順調に運んで行くようになります。アワ量が増えるからです。

カタカムナで教えている、「首をクヒにする方法（鎖骨を水平にする方法）」を紹介しましょう。

①直立または座して、首を右回し・左回し、各10回繰り返す。

②寝転んで天井を見る（できれば最上に2㎝角の赤い紙を貼って焦点が定まるようにする）。天井を見ながら、へその下あたりに、大きくゆっくり息を吸い込む。吸い込んだ時と同じくらいゆっくり息を吐き切る。これを3回繰り返す。

③体の力を抜いて、だらりとする

④首がすわらない赤ちゃんのように、首がぐにゃぐにゃしていることを想像しながら、②と同じ深呼吸を3回繰り返す。

⑤これを1日1回、朝目覚めて活動を開始する前におこなう（寝坊した場合、夜におこなっても効果があります）。

【注】始める前に、鎖骨の状態を写真に撮っておく（後で、水平になった鎖骨を確認するため）。次第に座骨が水平になっていく。早い人は3日くらいで効果が出る。長い人は1か月以上くらいかかる。

●首が「クヒ」になり鎖骨が水平になると何が起こるか

カタカムナのサトリ（悟り）では、人類の特徴は鎖骨の形態にあるとして、これを歪曲型（水平になっていない状態）から水平型へ移行するよう指導しています。

これは宇宙の心の分身であり自らの体内に分け与えられて住んでいる宇宙の愛を、呼吸によってアワの方向を移行させていこうとする試みです。

サヌキ量が多い人が悪いわけではありません。サヌキ量が多い人は、同量のアワ量を持つ人に変化できる素質を持っています。したがって、サヌキ能が強く社会的立場や権力、能力が高い人も、アワ性を鍛えて自らのサヌキ量と同等に成長させることができれば、社会は短期間で変革できます。

アワ量を増やすことは愛量、光量を増やすことであり、武器や兵器をつくる代わりに、鉄道を敷き、すべての生物が死に至る可能性のある農薬や化学肥料をつくる代わりに、天然の若木を人力によるのではなく、粉砕技術を使って育てて利益を上げる方向に向かえば、企業の利益を減らすこともなくなります。

今の豊かさを減らすことなく、多くの人々に食糧を与え、喜び、生きがいを与え、真の芸術、真の文学、真の学問技術を万民が作れるチャンスを与え、真の文化が生まれます。

アワ量が増えると何が変わるのか、具体的に挙げてみましょう。

・現象と潜象が共に存在することが確信できる
・自分も宇宙の一部であり、宇宙のすべてが一つになっていると確信できる
・他人の決めた社会競争のルールに引っ張り回されなくなる
・生産力、製造力が高まり、争奪戦が起こらなくなる
・権力者による圧力からのがれ、自由を得る
・判断力、洞察力、予見力が高まる
・自分を大切にし、自分らしく輝いて生きられる方法が見えてくる

・自己実現して自分らしく生きたいという感覚が生まれ幸せを感じる
・自分にも他人にも寛大になる（オーラが自分の中から拡大して、光が体より大きくなる）
・他人の幸せをひがんだり、妬んだりせず共に喜べるようになる

などです。

私たち人間は、サヌキ脳ばかりを使いすぎると、マノスベ（天然自然）に生きることができなくなり、破壊と崩壊へのミチをまっしぐらに進む危険性があります。しかし、アワ性の生物脳とサヌキ性の人間脳の2つの脳のバランスを正常に働かせると、社会は一段と理想の姿へと近づくことになります。

宇宙の心に沿う愛と光の原理原則をわきまえ、人間の持つ素晴らしい脳を十分に正しく使いこなし、幸せへの道を歩みたいものです。

おわりに

いかがでしたでしょうか。

超古代から伝承された真実に少しでも触れていただけたら、さいわいです。

最後に、カタカムナの人たちが1万2千年前、どんな考え方で生きていたのかを少しご紹介したいと思います。

これは、私自身の想像の部分も入っていますので、参考程度に考えてください。

カタカムナ人の生き方

(1) 自然と戦いながら自然の恩恵に感謝し、自然を大切に共存していた
(2) 戦いを好まず、民の幸が増えるためなら平和的に領土交換をしていた
(3) 勘を磨くため暗闇を愛し、気配を感じることによって直感力をきたえていた
(4) 自然を観察し、自然を見習って自分のあるべき姿を常に考えていた
(5) 考えることと感じることの正反を正しく使おうと常に努力していた
(6) 宇宙の心と同調しながら、自然に寄り添う健康法で暮らしていた
(7) 病気の主因は孤独感にあると悟り、マイナスエントロピーを理解し、手当てと電磁気（アマ始元量）を補充する治療法を実行していた

（8）太陽光など大地や大気のエネルギーを巧みに摂取していた
（9）地電位の高いイヤシロチ（癒し路地）とケガレチ（気枯れ地）の使い分け法を知っていた
（10）長（オサ）を中心に親から子へ、子から孫へという教育制度を確立していた
（11）人を不幸にする欲を持たず「ちょうどよい」「ほどほど」の考えが身についていた
（12）人の和、心の交流、触れ合い、お祭りなどを重視していた
（13）呼吸法、瞑想法によって宇宙の波動と同調することを大切にしていた
（14）過去や未来にとらわれず、「今の今」「瞬間、瞬間」を真剣に生きていた
（15）悲しみや苦しみは、天然自然の中の姿と同じ「ヒトツカタ」と理解していた
（16）死んだらヨミ（潜象界）へ帰り、再びヨミから現象界に戻る（ヨミカエリ）と確信していた
（17）アワ（生物脳）とサヌキ（人間脳）をうまく調和させ、使い分けていた
（18）幸せの光を、互いに交換し合いながら日常生活の中に取り入れていた

カタカムナ人は、とても賢い生き方をしていたと思います。
私たちも、カタカムナの生き方から学ぶことはたくさんあると思います。
最後までお読みいただき、ありがとうございました。

令和2年9月

天野　成美

著者略歴

天野　成美（あまの　せいび）

　１９４７年大阪商人の家に生まれる。大学在学中、全国百貨店卸売販売業を創業。卒業後、飲食業、通販なども立ち上げ、58歳でリタイア。世界一周旅行を4回おこなう。

現職時代、カタカムナ研究者の宇野多美恵女史と出会い、カタカムナ哲物理学の扱い方の個人指導を受ける。70歳の時、〝トキ〟が来たと感じてカタカムナが説く「宇宙摂理の伝承」を目的とした活動を開始。本の執筆を中心に、カタカムナ哲物理学の理念をもとにグッズの製作販売をおこなう。

そのほか、カタカムナウタヒＣＤ作曲。ｎｏｔｅに「カタカムナの知恵」掲載中。ＴｉｋＴｏｋで音楽発信。著書に『完訳カタカムナ』『カタカムナ文明入門編』のほか、『バースビジョン』『貴方の暮らしを快適にする電磁波 破壊する電磁波』などがある。

特別付録

カタカムナ80図象符
無料ダウンロード
カタカナ・ヘボン式ローマ字付

特別付録

カタカムナ 80 図象符

無料ダウンロード

カタカナ・ヘボン式ローマ字付

カタカムナが解き明かす　宇宙の秘密

発 行 日　2020 年 12 月 30 日　初版第 1 刷発行
　　　　　2021 年 11 月 18 日　新版第 1 刷発行
　　　　　2022 年　5 月 20 日　新版第 2 刷発行

著　　者　天野成美

発 売 元　株式会社 星雲社（共同出版社・流通責任出版社）
〒 112-0005
東京都文京区水道 1-3-30
TEL03-3868-3275　FAX03-3868-6588

発 行 所　株式会社 一（ハジメ）
〒 556-0017
大阪市浪速区湊町 1-2-17-1001
電話・FAX 06-6586-6638
URL hajime.online

印 刷 所　有限会社 ニシダ印刷製本

ISBN978-4-434-29644-4　C2010

落丁・乱丁本はお取替えいたします。